●本书受北京高校高精尖学科建设项目资助

制度内竞争与春秋时期国际规范退化

冷鸿基 著

时事出版社
北京

图书在版编目（CIP）数据

制度内竞争与春秋时期国际规范退化/冷鸿基著.—北京：时事出版社，2024.6
ISBN 978-7-5195-0578-3

Ⅰ.①制… Ⅱ.①冷… Ⅲ.①政治制度史—研究—中国—春秋时代 Ⅳ.①D691.21

中国国家版本馆 CIP 数据核字（2024）第 067102 号

出 版 发 行：时事出版社
地　　　址：北京市海淀区彰化路 138 号西荣阁 B 座 G2 层
邮　　　编：100097
发 行 热 线：（010）88869831　88869832
传　　　真：（010）88869875
电 子 邮 箱：shishichubanshe@sina.com
印　　　刷：北京良义印刷科技有限公司

开本：787×1092　1/16　印张：11　字数：168 千字
2024 年 6 月第 1 版　2024 年 6 月第 1 次印刷
定价：75.00 元

（如有印装质量问题，请与本社发行部联系调换）

目录

绪论　为什么研究春秋时期国际规范退化 …………………………（1）

第一章　如何研究春秋时期的国际体系 ……………………………（15）
 第一节　春秋时期的国际合作规范与生存理性 ………………（17）
 第二节　国际关系学如何研究春秋时期国际体系 ……………（22）
 第三节　本书的研究设计和研究方法 …………………………（33）

第二章　研究成果梳理 ………………………………………………（39）
 第一节　春秋战国时期体系瓦解的研究成果 …………………（39）
 第二节　国际规范退化机制研究成果 …………………………（49）
 第三节　从历史中寻找新的研究路径 …………………………（52）

第三章　合作规范的内容与意义 ……………………………………（56）
 第一节　春秋时期主要国际互动规范 …………………………（56）
 第二节　规范的作用和影响 ……………………………………（66）

第四章　诸侯争霸：安全合作与无序竞争 ··· (78)
  第一节　合作制度的主要内容 ··· (78)
  第二节　合作制度的利益分析 ··· (88)
  第三节　大国之间的制度内无序竞争 ··· (99)

第五章　合作制度中的无序竞争过程 ··· (115)
  第一节　无序竞争出现的时期与条件 ··· (116)
  第二节　无序竞争的发展过程 ··· (118)
  第三节　无序竞争造成规范退化的具体机制 ····································· (126)

第六章　礼乐征伐自诸侯出——古典话语再阐释 ··································· (134)
  第一节　礼乐仪式的误用 ··· (135)
  第二节　上行下效与名实不符 ··· (138)
  第三节　无序竞争与礼乐征伐自诸侯出 ··· (141)

结　语 ·· (148)

参考文献 ··· (156)

绪论　为什么研究春秋时期国际规范退化

春秋时期，华夏诸侯国继承西周大一统体系的规范和规则（礼乐制度）以建设安全合作制度，共同抵御外敌。处于华夏诸侯国周围的"四夷"军事实力强大，与华夏诸侯国之间战争不断。在华夏诸侯国的军事力量能够有效应对外部威胁的情况下，其安全合作却无法持续，各国之间的主流互动方式逐步演变为暴力冲突。华夏诸侯国建立的安全共同体出现公共产品供应不足、制度维持成本过高、成员生存状态不断恶化、合作规范退化等现象。到了春秋末期，共同体基本瓦解，安全困境开始出现，合作规范几乎退化殆尽。这种合作规范退化、共同体瓦解的现象具有较高的学理意义，需要进行深入研究。

国际关系学对春秋时期的诸侯国体系有严肃、系统的理论分析和历史研究，认同运用本学科理论的概念和逻辑分析春秋诸侯国体系的研究方法。第一类学者把握春秋时期主要政治行为体及其互动关系的本质，考察诸侯国关系与主权国家体系之间的共性是否达到运用国际关系理论进行研究的标准，认为如果把从西周到春秋时期的诸侯之间的关系理解为一种国际关系形态，在某种意义上是一种等级性国际体系。[①] 春秋时期诸侯国的"国家"形态虽然比较原始，但已经具备近代国家的基本内容，与欧洲签订《威斯特伐利亚和约》后产生的近代主权国家相比没有本质区别。[②] 这类学者仍用"诸侯国""诸侯国体系"等词汇表述春秋时期的相关政治行为体和影响因素。第二类学者对近现代国家和国际关系相关理论概念是否直接适用于分析春秋诸侯国体系做了严肃的理论考察，直接运用国际关系理论中的概念表述春秋时期诸侯国间的政治生活，如华夏国家、春秋国际体系、春秋时期的国际社会等。[③] 国外的国际关系学者、东亚问题学者大多直接运用国际关系学相关概念分析从春秋时期到清王朝末期各个历史阶段的华夏国家体系、朝贡体系或东亚国际体系。[④]

上述研究为我们深入研究春秋诸侯国体系提供了理论基础和分析工具。本书对春秋时期诸侯国体系的研究必然涉及国家、国际体系、国际社会和国际制度等相关分析概念，力求以国际关系学相关概念为理论框架，结合中国儒家思想和春秋历史的独特因素，对华夏诸侯国合作规范退化、安全共同体瓦解等问题进行新的分析和阐释。

以国际关系理论分析春秋时期的诸侯国体系必然需要重视历史实践的差异性。不同于以威斯特伐利亚体系为中心发展出的近现代国际体系，西周和春秋大一统体系的核心要素是血缘、部落和分封。华夏诸侯国建立的安全共同体由西周体系发展而来，天然地表现为一种情感关系体系。情感内生于君子的心

---

① 周方银：《松散等级体系下的合法性崛起——春秋时期"尊王"争霸策略分析》，《世界经济与政治》2012 年第 6 期，第 5—34 页。

② 叶自成：《中国外交的起源——试论春秋时期周王室和诸侯国的性质》，《国际政治研究》2005 年第 1 期，第 20 页。

③ 王日华：《道义观念与国际体系的变迁——以春秋战国时期为例》，《国际观察》2019 年第 1 期，第 54—60 页。

④ Barry Buzan and Richard Little, "International Systems in World History: Remaking the Study of International Relations," New York: Oxford University Press, 2000, pp. 40 – 42; Yongjin Zhang and Barry Buzan, "Tribute System as International Society," The Chinese Journal of International Politics, Vol. 5, No. 1, 2012, pp. 3 – 36; David C. Kang, "China Rising: Peace, Power and Order in East Asia," New York: Columbia University Press, 2007.

为什么研究春秋时期国际规范退化

中,是君子、家、国、天下的构成性规范,并通过礼乐仪式在每日的生活中重复实践。诸侯国之间通过情感表达来维持关系,也以情感认知确定利益和行为的意义。此外,春秋诸侯国体系在安全合作的困境、合作制度构建和维护、大国争霸、国际社会规范和仪式等方面有独特的历史实践和演化逻辑,其研究成果对安全共同体、国际制度、全球治理、国际实践、国际体系文化等理论问题具有很大的启示意义。接下来,本书从三个问题出发,展开对春秋诸侯国体系独特研究价值的讨论。

一、"霸权之后"的合作制度为什么会瓦解①

西周建立后,早期东亚大陆范围内形成以周王的王畿为中心的分封体系,华夏诸侯国听命于周王并展开军事合作。随着历史的发展,该体系既表现为扩展型共同体,也表现为退化型共同体。一方面,华夏诸侯国(特别是大国)的疆土得到较大扩展,军事力量也不断增强。另一方面,伴随着体系的扩展,周王室的军事力量相对诸侯大国而言不断衰退,领导权威也越来越弱。到春秋初期,虽然主要诸侯国之间仍保持着较好的合作关系,但破坏合作规则、干预他国内乱甚至吞并小国的现象越来越多。

依据国际关系的新自由制度主义理论,霸权国衰退之后,其他大国会继续分享霸权国设立的规则,继续保持合作,合作带来的公共产品是制度的生命力之源。春秋早期的历史似乎印证了上述理论,齐国、晋国先后承担起规则维护者和公共产品提供者的角色,主要华夏诸侯国对合作制度的作用也有较大期望。但我们发现,齐国、晋国这样的霸主国主导的合作制度无法阻挡规范退化的进程。特别是晋国主导合作制度时期,由于齐国无法与晋国分享领导权威,

---

① 罗伯特·基欧汉等新自由制度主义学者认为,霸权国家衰退后,其建立的国际制度会继续发挥作用,各大国对制度所提供的公共产品的需求是合作延续的主要动力。春秋体系演化的历史表明,诸侯大国虽然会延续合作行为,但也可能对合作制度采取破坏性互动。参见〔美〕罗伯特·基欧汉著,苏长和等译:《霸权之后:世界政治经济中的合作与纷争》,上海人民出版社2011年版。

3

不断挑战晋国的霸主地位，鲁国等小国被迫在齐国和晋国之间周旋。面对合作制度外部的敌人——楚国不断吞并华夏诸国的情况，由于齐国和晋国之间存在竞争关系，两国都无法全力应对楚国，强大的威胁总是难以消除，合作制度无法发挥应有作用。以郑国为代表的小国夹在楚国与晋国之间被反复攻打，苦不堪言。春秋中后期的历史逐渐发展为合作规范衰退、安全共同体瓦解、华夏诸侯国身份消解。

新自由制度主义认为，霸权衰退之后，国际制度可以在几个中等强国之间分享。但华夏国家的合作制度却无法持续。为什么规则带来的公共产品无法弥合诸侯国之间的冲突，约束其行为？这种观点没有考虑到治理权威转移或继承的问题。随着体系文化的不断发展，社会地位和威望的差异性安排也会成为国家追求的目标。对于国际制度的研究，也应关注制度的领导权或话语权威分配等问题。治理权威、领导地位或共同体内的话语权是重要的社会性权力。霸权国主导创建的体系中，很可能缺乏话语权威分享或领导权转移的相关机制。当霸权国的军事力量衰退后，如果没有关于话语权威分享的制度安排，那么整个合作制度将难以维系。

二、礼乐文明为何会走向生存竞赛

春秋体系是以高度内化的礼（仪式）乐（情感）为本体的文化弥散型国际体系，是西周礼乐文化退化的产物。礼乐文化是春秋体系的载体，各国的执政者、参与政治决策的君子在心理和情感层面经受过礼乐的教育和熏陶，这是春秋国际体系独有的现象。在这种情感型国际体系下，各国合作有哪些独特性？如何化解冲突？这种深度内化的情感和文化又是如何消退的？上述问题为国际关系学，特别是国际政治社会学和国际制度理论带来重要的研究素材。

现实主义重视无政府状态下的安全自助逻辑和军事霸权作用。大国为生存或物质利益展开竞争，制衡或争霸是国家间关系的常态。在霸权国存在的情况下，中等强国对霸权应采取制衡行为；而霸权国衰退后，则会出现会多极之间相互制衡的更稳定的国际体系。关于国际体系的衰退问题，现实主义认为霸权衰退导致体系快速变化，权力消长是最重要的影响变量之一，国际规则和规范附属于国家之间的权力关系。以制衡逻辑为假定的现实主义理论，无法解释周王室霸权衰退之后，诸侯国之间的关系从安全互助发展为大国争霸，再发展为霍布斯状态的现象。这是一个长达几百年的互助规范缓慢衰退、诸侯国关系逐步混乱的过程，也是诸侯国互动逐步演变为激烈兼并战争而不是稳定制衡关系的过程。

一方面，周王室衰落之后，诸侯国间仍然存在大量互助行为。春秋初期，主要大国之间并不存在严重的安全困境，甚至会进行利他的安全互助。这一阶段，诸侯国之间的互动并不依据权力制衡逻辑。另一方面，大国采取争霸战略，目的不是建立经济体系，提高边际收益，无限制扩张自己的军队，而是为了争夺话语权和领导地位，竞争的目标是观念层面的利益。这种特殊的争霸模式脱离了现实主义霸权稳定论的主要变量。霸权稳定论更无法解释大国间周期性争霸互动是如何转变成纯粹的灭国战争的。霸权稳定论是循环逻辑：一个霸权体系取代另一个霸权体系，而不会退化到激烈的兼并战争。从春秋时期的大国争霸到战国时期的灭国战争是退化逻辑，退化到霍布斯状态。

依据霸权稳定论，挑战国与霸主国之间的霸权战争是体系变化的主要方式，虽然不寻求消灭对方，但战争的手段趋向于无限制使用暴力，最大程度地削弱对方。霸权稳定论认为，第一次世界大战中的双方几乎不受规范约束地进行战争，战争结束之后，胜利者尽最大努力削弱对方的实力，以维护自身的霸权。春秋时期的争霸行为是国际规范和"国际制度"内的竞争，加入这些变量之后，互动过程和结果就大不一样了。春秋"国际制度"内的竞争方式包括不提供公共产品、贿赂他国等非暴力行为，即使爆发战争，双方也有一定节制，即战后有可能不做削弱对方实力的安排。对这种具有特殊性质的大国竞争进行研究非常有价值。

霸权稳定论提出，霸权国衰落在很大程度上是其内部因素造成的，是军事力量消沉、经济发展过程中生产性投入低迷而消费过高造成的。[①] 而春秋体系的演化是系统性、整体性因素导致的。华夏诸侯国建立的"国际制度"内,大国之间的冲突性互动导致规范退化和国际体系演化:大国争霸战争导致彼此仇恨,巨大的战争成本也需要转嫁给小国,霸权国从制度中汲取小国资源。"霸"这一名位不断失去其本来的意义,从领导者、保护者——"伯"转化为强权和压迫者。因此,春秋体系的演化是礼乐文化消亡、情感和信任体系消退的结果。

三、权威话语为何消退

批判理论和建构主义从规则、话语和实践的角度揭示了国际体系的治理权威是如何被塑造的,特别是揭示了霸权国用以治理国际体系的话语是如何生产的。这些理论强调制度建设带来治理权威,着重研究话语如何为霸权服务,对合作规则和权威话语进行了批判和解构。但是,这些理论较少分析霸权国权力衰退后,规则和话语如何维持,或者权力话语如何消退等问题。因此,对于话语在历史中退化和消解等问题,我们还需要深入研究。

在西周体系中,周王室创造了礼乐文化的权威话语,春秋争霸的进程中,霸主国也继承并维护相关规范和规则。但为什么在历史的演化过程中,大规模兼并战争会成为主流话语?

从学科话语发展的角度看,规则建构主义、安全共同体理论在冷战后获得重大发展,而且随着国际制度在促进全球合作方面取得巨大成就,部分研究对制度持理想化态度,认为规则、制度的发展一定会带来合作,这是一个不断积累、难以逆转的过程,特别是安全共同体理论注重解释"为什么区域一体化程度会越来越高","怎样积累国家间信任"等相关问题,认为国家对规范的内化程度越高,国际体系的社会化程度越高,无政府状态就越弱,国家间合作的可能性也就越大。而春秋诸侯国体系的历史为此类问题的逆向研究提供了重要

---

① 参见[美]罗伯特·吉尔平:《世界政治中的战争与变革》(英文版),北京大学出版社2005年版。

案例。

四、礼崩乐坏——"国际制度"内的大国无序竞争

如何回答上述三个问题？如何对春秋时期诸侯国间的规范退化展开系统研究？春秋时期，最重大的政治现象是大国争霸。因此，绝大多数学者的研究重点也聚焦于此。如何在前人观点的基础上，发展、深化大国争霸的逻辑，并进行理论创新，是回答上述三个问题的关键。

本书也选择春秋时期的大国争霸现象作为研究起点和分析重点。以分析大国争霸为基础，深入发掘引起争霸现象的深层逻辑和争霸导致的复杂结果。本书认为，春秋时期大国争霸的实质是以错误的方式进行领导权竞争、领导地位竞争，而合作规范退化的原因也在于此。

首先，安全共同体内部也存在社会地位（名位）竞争，错误的竞争方式会导致共同体瓦解。春秋诸侯国体系是等级性国际体系，是合作规范被高度内化的诸侯国体系。霸权国出于对威望、地位的渴望，也出于合作规范的要求，时常采取自我抑制、自我约束的态度，甚至不惜用土地、军事权力等重要战略资源来换取威望和地位。春秋时期的诸侯国体系（下文简称春秋诸侯国体系）展现了这样一个国际关系理论问题：高度社会化的体系能产生新的稀缺利益，特别是大国追求的"国际社会"领导地位。如果大国对地位的竞争成为最主要的社会互动，那么竞争的方式和过程是怎样的？竞争行为又会对国际规范产生怎样的影响？本书通过研究大国间社会地位竞争来进一步回答这些问题。

其次，通过分析春秋时期的大国竞争和制度瓦解，我们可以发现获得国际体系领导权的几个重要标准，也会发现"国际社会"和合作制度需要对领导权竞争进行协调与管控。

体系衰退总是伴随着旧霸权国权威的下降和崛起国对权威的争夺。要保持各国之间长期的合作关系，大国争霸的过程就应当是合乎规则的、有序的，崛起国的领导权需要依据某些规则而被各国认可，因此也需要各国特别是霸主国

创建提升领导地位的相关制度,至少是新的范例。新制度会依据时代的需要重新定义霸主国,以及获取领导权需要具备哪些条件。社会地位和领导权依靠社会规范、规则来支撑,具有极强的社会性意义。通常来说,相关制度会赋予国际安全责任的承担者、公共产品的提供者以领导地位,这是对大国竞争性互动的管理。否则,大国针对领导地位的竞争、对制度性权力的竞争就可能失控,进而引发冲突。各国的社会化程度越高,对领导权的争夺就可能越激烈。

西方国际关系理论将公共产品与维持领导权挂钩,提出一系列领导地位维持的标准和规则。但是,国际政治中的权力转移问题不仅是物质权力、生产力水平的消长,也是话语权威、社会地位的转移,需要一系列制度的改革和创建行为作为支撑。崛起国在重大的国际政治问题上提出令人信服的规则、规范,在重大国际政治场合和仪式中发挥领导作用,与其他竞争者达成彼此认可的社会地位安排等,与提供公共产品一起构成权力转移不可或缺的制度性需求。

最后,从中国古典思想和具体文化实践中寻找解释路径。国内外学者对中国古典思想和古代东亚国际体系的研究已取得重要成果,包括探索儒家思想与东亚朝贡体系下的长期和平之间的关系,[①] 儒家思想对西方国际关系理论的启示意义,中国古典战略思想与中国当代战略理念之间的联系等问题。[②]

本书希望从中国古典思想和春秋时期的诸侯国互动历史中发掘有解释力的素材并将其理论化。中国古典思想中的概念和逻辑对春秋诸侯国体系有深刻的解释力,但主要体现为抽象的哲学话语,虽简短而深刻,却不是在具体历史案例论证下的国际关系理论。本书关于大国争霸的解释逻辑能够与儒家相关经典解释相互对应、相互补充。

[①] Erik Ringmar, "Performing International Systems: Two East‐Asian Alternatives to the Westphalian Order," International Organization, Vol. 66, No. 1, 2012, pp. 1–25; David C. Kang, "International Order in Historical East Asia: Tribute and Hierarchy Beyond Sinocentrism and Eurocentrism," International Organization, Vol. 74, No. 1, pp. 1–29.

[②] 参见秦亚青:《世界政治的关系理论》,上海人民出版社2021年版;阎学通、徐进等:《王霸天下思想及启迪》,世界知识出版社2009年版。

为什么研究春秋时期国际规范退化

以孔子提出的"礼乐征伐自诸侯出""盖十世希不失矣"这个对春秋诸侯国体系瓦解的解释为例：

孔子在《论语·季氏篇》中提出："天下有道，则礼乐征伐自天子出；天下无道，则礼乐征伐自诸侯出。自诸侯出，盖十世希不失矣；自大夫出，五世希不失矣；陪臣执国命，三世希不失矣。天下有道，则政不在大夫。天下有道，则庶人不议。"孔子以"礼乐征伐从诸侯出"来解释春秋乱世，随着发号施令的不同层次的政治行为体的变化，政治体系有序、有效的存在时间不断缩短，只有政令从天子出才能保障体系的稳定、和谐。这里面包含上行下效、名实相符等几个相互联系的概念，组成一个完整的逻辑机制。

名分、名位确立了上下关系和相互责任。① 从互动的方向看，西周的规范体系和政治权威存在上行下效的逻辑机制。从规范的内容看，"德"是西周体系权威架构的重要内容，讲求行为体通过自我牺牲为他人提供帮助，在这一过程中，牺牲者能获得社群的治理权威，"德"也要求处于上位的行为体发挥道德示范作用。由此，礼乐征伐需要从处于最高地位的天子或天子的代表者发出，他们需要靠履行职责来维护自己的名分，而处于下位的各国君主和公卿大夫则会效仿天子或霸主，履行自己应有的职责，天下体系则稳定有序。

春秋时期，大国争霸以追求"方伯"的名位（"伯"即"霸"，意为诸侯之长），该名位具有较高的"德"，应当牺牲自我利益帮助其他诸侯，这是上行下效逻辑的起点。但大国采取一系列破坏规范、规则的竞争战略（礼乐征伐从诸侯出），错误的竞争方式对小国的决策也起到示范效应。此外，小国对规范的违背没有大国来约束。当然，小国破坏规范也并非出于本意，因为在大国争霸的环境下，安全公共产品缺乏，小国维护安全的成本更大。齐、晋等大国的

---

① 孔子提出为政的第一要求是："名不正，则言不顺；言不顺，则事不成；事不成，则礼乐不兴；礼乐不兴，则刑罚不中；刑罚不中，则民无所措手足。故君子名之必可言也，言之必可行也。君子于其言，无所苟而已矣。"参见杨伯峻译注：《论语译注》，中华书局2009年版，第131—132页。

9

错误示范逐渐瓦解了支撑霸主国身份的规范,这是地位、社会位置的去意义化,也是规范退化直至消亡的过程。在此过程中,名实相符中的"实"——礼乐征伐的错误运用是对诸侯国关系的错误治理甚至破坏,导致名实不符。"名"的意义被歪曲、解构,产生新的意义。

本书对礼乐仪式等政治行为进行分析,将上行下效、名实关系等古典解释理论化,此外,还将引申这些古典命题,丰富其解释逻辑。早期研究主要观察诸侯国战争行为、诸侯国军事力量对比,用现实主义理论的基本视角进行分析,容易忽视春秋时期诸侯国政治的血缘因素和情感关系因素。近年来,国际关系学对微观的社会仪式、社会实践展开理论研究,为我们结合春秋时期礼乐文化的微观特性、仪式特性提供了理论基础,成为国际关系学更为深入把握古代中国文化实质的有效路径。

春秋时期,大国误用、强制使用礼乐仪式的现象比比皆是:大国为了争取小国支持,对其反复施压甚至攻打,迫使小国对其举行投降仪式(投降仪式意味着等级关系的确立和对霸主的认同);面对小国的领土被"夷狄"侵占,大国不帮助小国真正解决威胁;诸侯国会盟过程中,大国以提升礼乐仪式规格的方式拉拢他国的使者或君主,小国为求大国庇护,以超规格礼乐仪式接待大国君主和卿大夫;大国为了得到中等诸侯国的支持,默许中等诸侯国打击小国等。长期的礼乐误用破坏了"伯"(霸主)的象征意义以及仪式原有的严肃性、神圣性和血缘情感基础。本书会对这些误用、强制使用礼乐仪式的现象进行分析,有利于将先秦思想家对春秋时期的解释理论化,弥补现代国际关系学对春秋"国际体系"研究的薄弱环节,进一步丰富国际政治社会学研究的理论成果。

讨论到此,我们可以发现,大国在合作制度内无序竞争,难以克服合作困境等问题能够与名实不符、礼崩乐坏等古典命题相互印证、互为补充。本书对春秋"国际体系"的研究并不拘泥于单一理论范式。春秋"国际体系"涉及权力结构变化、合作制度的效率、社会规范变迁等问题,同时涉及多个研究范式，需要一个综合的分析框架。因此，本书针对春秋时期的诸侯国关系、大国争霸、礼崩乐坏等问题提出自己的观点和看法，同时进一步发掘儒家经典文献中的相关概念，以获得对规范退化问题更为深入的解释，也以此启发当代国际关系理论的创新，丰富中国本土国际关系思想。

五、内容安排

第一章讨论如何从国际关系学角度进行春秋诸侯国关系的研究，如何把握春秋诸侯国体系的独特性，国际关系学研究方法如何与中国古典话语融合这些基本问题。针对以上问题，本书提出符合春秋史实和中国古典话语的研究路径和基本方法。

首先，对春秋诸侯国体系的研究应尊重以下基本历史现象：血缘和宗亲的情感关系、"国际制度"的互助收益以及华夏文化认同三个要素统一于华夏诸侯国共同体中。我们应当界定出春秋时期影响诸侯国互动的文化变量和社会关系变量，考察这些变量与国际关系学中的制度安排、合作收益、生存等变量之间的关系。

规范、道德等文化因素赋予华夏诸侯国以独特性，华夏诸侯国之间的战争具有高度的社会学意义，在等级性"国际社会"中作为一种上对下的"教训"，而不是消灭、威胁。家族情感关系、允许他者生存和祭祀的共生性文化使各国间的战争仪式化，为战争划定了限度和规则，战争应当是一种具有合法性的、维护体系规则的手段（如在周王授命下，各国通过军事力量制止"兄弟国家"间的战争），各诸侯国间天然的亲缘关系确立了允许生存的最根本原则。

其次，诸侯国之间的合作困境问题是国际关系学研究的切入点，也是血缘情感关系消散、礼仪荒废的核心表现。礼乐征伐是权威和权力的施加方式。正是错误的施加方式导致规范退化和体系瓦解。周王室衰落后，礼乐征伐必定从诸侯出。但礼乐征伐出的方式和途径是可以选择的。我们需要解释春秋时期的战争为什么会如此频繁，合作制度为什么未能阻止战争，反而导致共同体内部的争霸战争。需要分析为何各国以违背规则、歪曲原本意义的方式举行众多会盟、朝聘等仪式。

现代国际关系理论缺乏春秋体系的历史语境，由此导致相关研究解释不足。古代思想家对春秋诸侯国体系的瓦解提出经典命题，通过上述研究路径，可以对这些命题进行理论化和再阐释，以弥补当代国际关系学研究的不足。

最后，本书在理论形态的选择上，采用跨越范式的理论形式，[①]对弥散着礼乐文化的春秋体系进行研究，注重呈现（represent）或意象（image）的理论定位，即理论是对历史的某种抽象和表现，理论将对现实的解释以某种简洁深刻的方式呈现出来，而不过分注重"放之四海而皆准"的评价标准。因此，本书会将古典概念、史实与当代分析工具结合，重视历史语境、逻辑简介与解释力之间的平衡关系。

第二章梳理和分析国内外学者关于春秋诸侯国合作规范退化、体系演变的主要研究成果。

一些研究忽视了春秋时期诸侯国之间的规范对各国的影响，或是将诸侯国关系的文化默认为现实主义冲突文化。这些研究试图解释导致诸侯国间冲突更加激烈的原因。如许田波认为，诸侯国通过"自强型改革"（提高政府从社会汲取战争资源的能力）和不择手段的扩张策略不断加强冲突观念和冲突能力，导致战国时期激烈的兼并战争。[②]许倬云认为，社会流动使各国贵族阶层衰败和士族阶层崛起，这一过程导致各国冲突观念和战争能力的加强。[③]

依据春秋史实，齐国、晋国等主导建立了合作制度，并有重要合作实践。上述研究未对合作规范、制度的消亡进行深入研究，也就忽略了大量防止战争

[①] 参见［美］鲁德拉·希尔、彼得·卡赞斯坦著，秦亚青、季玲译：《超越范式：世界政治研究中的分析折中主义》，上海人民出版社2012年版。

[②] ［美］许田波著，徐进译：《战争与国家形成：春秋战国与近代早期欧洲之比较》，上海人民出版社2009年版，第20—25页。

[③] Cho-Yun Hsu, "Ancient China in Transition: An Analysisi of Social Mobility 722 – 222 B. C.," Stanford: Standford University Press, 1965, pp. 175 – 177.

的互动,因而无法解释为什么合作制度越来越无效。

有些研究虽然指出春秋战国时期存在"大一统"观念,但把这些观念解释成战国时期发生激烈兼并战争的原因。① 而张勇进认为,春秋战国时期的大一统体系近似于"近代国家体系","大一统"是诸侯各国对共同文化的认同,对"天下"观念的认同。②

本书认为,对"国际制度"在促进合作方面的无效性以及制度的瓦解过程进行研究,可以发现春秋诸侯国体系频繁出现冲突的重要原因,为解释合作规范退化、春秋体系向战国体系演变提供了一个分析基础。

很多关于制度合作的观点认为,合作规范和集体认同会导向国家间合作,而春秋时期的合作规范和集体认同却恰恰使各国倒向冲突。春秋"国际规范"近似于体系规范,只有各国都卷入长期的冲突性互动才会导致退化。安全共同体内也有成员之间发生冲突的现象,因为受共同体规范的制约,冲突现象会呈现逐渐激烈化的趋势,而其他由冲突引发的因素(如制度内大国回避提供公共产品)也会不断地破坏规范。

第三章提出春秋国际体系中存在的主要规范,确定其内涵、作用和影响力,为后续章节对规范退化现象的研究提供分析基础。

通过研究我们发现,"兄弟国家"之间互助、共同应对外部威胁和尊卑有序这三条规范建构了华夏诸侯国的身份,确立了安全共同体的内容。大国根据这些规范建立了合作制度,凡是接纳华夏文化和规范的其他各国都可以加入这一安全合作制度,仅晋国领导安全合作制度的时间就长达136年,深刻影响着各诸侯国的互动行为。在缺乏霸主国对规范进行维护的时间段内,三个规范在很大程度上制约了诸侯国间冲突,引发重要的互助行为。在这个时间段内,很

---

① 辛万翔、曾向红:《"多国体系"中行为体的不同行为逻辑及其根源——兼与许田波商榷》,《世界经济与政治》2010年第3期,第59—73页。

② Yongjin Zhang, "System, Empire and State in Chinese International relations," Review of International Studies, Vol. 27, No. 5, 2001, p. 46.

多冲突的发生甚至是为了维护尊卑有序的规范。各诸侯国虽然内化了规范,但仍然会以暴力冲突的方式追求利益,甚至在维护合作规范时,也多以武力讨伐作为主要手段,这与现代国际关系中安全共同体的发展方式相左,后者认为共同体建设的首要任务是不断重申不使用暴力解决成员国间冲突。

第四章阐述春秋"国际制度"的主要内容,包括创建原则、各国权力和责任划分、运行方式等内容。之后分析制度内含的权威和名位竞争、制度设计造成的大国争霸等现象,进而提出无序竞争导致春秋国际规范退化的观点。

春秋时期,齐国、晋国依据主要规范建立和维护安全合作制度,按照尊卑有序的规范对各国责任进行分配。霸主国需要成为各国的表率,提供大多数公共产品;其他各国跟从霸主,参与霸主领导的合作。制度决策主要由霸主国做出,进而形成对各国的影响力。依据社会学理论,霸主地位属于社会位置。在某一社会中,领袖位置及其权威难以复制和分配。[①] 因此,大国之间对该利益的争夺十分激烈,且难以达成分配协议。此外,竞争者之间由于实力相仿,都会采取竞争效率最高的方式,甚至是违背规范、破坏制度的方式。而长期的、不断发展的竞争过程会导致各国对国际规范的反复违背,规范渐渐失去效力。

第五章运用春秋史料证明无序竞争导致规范退化的观点。包括梳理无序竞争现象出现、发展、消亡的过程,确定无序竞争是当时大国间主要的互动方式,依据历史资料分析无序竞争破坏相关合作规范、瓦解各国集体认同的过程。

第六章在无序竞争逻辑的基础上,结合古典话语考察礼崩乐坏等经典命题,重点考察诸侯大国对礼乐仪式的错误阐释和实践是如何对合作规范产生负面影响的。从无序竞争与误用礼乐仪式的角度,结合上行下效、名实相符、礼崩乐坏等儒家思维展开对春秋时期规范退化、体系衰微过程的分析,希望无序竞争逻辑能成为"礼乐征伐自诸侯出"的当代国际关系理论的表达与阐释。

---

① Fred Hirsch, "Social Limits to Growth," Harvard: Harvard University Press, 1976, pp. 27 - 28.

第一章 如何研究春秋时期的国际体系

如何从国际关系学角度研究春秋诸侯国体系，即春秋时期的国际体系？能否把诸侯国抽象为国家，把春秋体系抽象为国际体系，如何抽象？现代国际政治学的概念容易忽视哪些概念和逻辑？如何运用中国古典的概念和方法理解春秋诸侯国体系？如何在研究中把握春秋诸侯国体系的独特性，重视解释过程中的历史语境并与现代研究方法融合？这些问题一直是国际关系学研究春秋诸侯国体系的核心问题，也是研究的基本框架和起点。

关于春秋诸侯国体系的研究，国际关系学的相关研究框架、理论构建方法不断发展，早期研究分析了春秋诸侯国体系是否能用国际关系理论去理解和分析，包括辨析诸侯国和近现代国家之间的异同，诸侯国体系与威斯特伐利亚体系的异同，诸侯国重大利益与行为逻辑的确定等问题。[1]

主要研究成果着重于解释大国争霸现象，认为春秋时期的诸侯国逐渐演变为与近代主权国家没有本质区别的政治实体，应当以权力结构概念透视春秋诸

---

[1] 叶自成：《中国外交的起源——试论春秋时期周王室和诸侯国的性质》，《国际政治研究》2005年第1期，第9—22页。

侯国体系的运行逻辑。① 从权力结构角度来看，礼乐文化的退化是霸主国权力资源匮乏的结果。周王室土地和军事力量的匮乏是体系衰退的动力。也有理论从诸侯国间战争的角度出发，探讨激烈的灭国战争是如何导致近代国家制度的出现和社会理性的深层转化，提出礼乐文化因不适应激烈的国家间竞争而消亡。②

此类研究忽视社会文化因素，导致解释力有限，此后许多研究将解释变量放在春秋"国际社会"的文化属性上，最简洁且有影响力的观点是对"大一统"文化、"天下体系"的解释和运用，探索古代东亚独特的历史实践和思维逻辑，并将其与威斯特伐利亚体系进行比较研究，以求获得更为全面、多元的学科知识，为解决当代现实问题提供启发性思维。③

如何将中国古典话语融入现代国际关系学一直是一个学术难点。中国古典话语是具体历史中决策者的理性逻辑，对于我们研究春秋"国际政治"尤为重要。在已有成果中，学者们从西周到春秋时期的思想史和政治实践中发掘了一些本土理念，对当代全球治理等有重要的思想价值。其中，中国学者赵汀阳从中国哲学角度分析了西周到春秋的"天下体系"，认为"天下"概念以整个世界作为思考单位去分析问题，从而超越民族国家的思维。"天下体系"是一个以共在存在论为基础的世界体系。④

从中国古典话语出发探讨国际政治问题，不仅要研究理性逻辑（如关系理性等)⑤ 以及这些逻辑发挥作用的历史案例，而且需要研究理性逻辑发挥作用的历史环境，政治、经济层面的具体限制因素，特别是制度变迁、规范衰退的

---

① 阎学通、徐进编：《中国先秦国家间政治思想选读》，复旦大学出版社2008年版，第3页。
② 参见［美］许田波著，徐进译：《战争与国家形成：春秋战国与近代早期欧洲之比较》，上海人民出版社2009年版。
③ 参见赵汀阳：《天下的当代性》，中信出版社2016年版。
④ 赵汀阳：《天下的当代性》，中信出版社2016年版，第2页。
⑤ 参见秦亚青：《世界政治的关系理论》，上海人民出版社2021年版。

如何研究春秋时期的国际体系

历史环境。

古典话语强调春秋诸侯国体系在以下三个方面具有独特性，但既有国际政治学研究却较少涉及：血缘关系衍生出的诸侯国间的情感型互助关系；微观层面作为个人的政治行为体对礼乐仪式的实践和体悟；礼乐治理的权威性与各国对礼乐的认同。以上也是我们深刻认识春秋"国际社会"和国际规范的基础。本章将探讨上述三个方面内容对春秋诸侯国体系研究的意义，并回答如何以国际政治学视角进行研究，如何认识和解释体系中战争、合作、制度和权威的独特意义，如何对先秦思想家的经典表述进行再阐释等问题；进而提出本书的理论抽象方法，包括从国际体系层面选取变量、对诸侯国理性的抽象方法、对范式选取的理解、对古典话语和社会学仪式研究成果的借用等。

第一节 春秋时期的国际合作规范与生存理性

一、情感型"国际制度"[①]

春秋诸侯国体系从血缘关系和部落发展而来，天然是一个情感本体的体系。诸侯国之间以情感互动来维持关系，也以情感认知决定利益认知和行为，从而决定国际体系的意义。宗亲关系和情感本体的互动规范在诸侯国国君与周王室之间、诸侯国国君之间、诸侯国内部以相同的逻辑和意义存在。情感内生于君子的心中，是君子、家、国和天下的构成性规范，并通过礼乐仪式在每日的生活中重复实践。这与近现代国际体系是不同的，近现代国际体系理念认为，政治生活独立于个人生活，甚至国际政治与国内政治有截然不同的伦理道

[①] 从富辰谏周襄王的话语里可以发现西周至春秋时期的宗亲国家互助体系："臣闻之：大上以德抚民，其次亲亲，以相及也。昔周公吊二叔之不咸，故封建亲戚以蕃屏周。管、蔡、郕、霍、鲁、卫、毛、聃、郜、雍、曹、滕、毕、原、酆、郇，文之昭也。邗、晋、应、韩，武之穆也。凡、蒋、邢、茅、胙、祭，周公之胤也。"参见杨伯峻编著：《春秋左传注》，中华书局1990年版，第420—423页。

德、社会规范和运行规则。因此,这种弥散在春秋时期每个层次政治行为体之间,以情感关系为本体的规范在退化过程中必然经历了十分漫长的过程。

其最重要的表现和维持机制是诸侯国之间的关系通过礼乐仪式来维护。《周礼·春官·大宗伯》记载:"以凶礼哀邦国之忧:以丧礼哀死亡,以荒礼哀凶札,以吊礼哀灾祸,以禬礼哀围败,以恤礼哀寇乱。"[1] 我们应当看到礼乐不仅需要执行仪式,而且要产生后面的"哀"等情绪,礼乐要求君子用情,同时也规定了如何用情。

情感感受和表达是西周体系的特征,在每个具体的仪式中固定化,从而形成几百年持续不断的情感关系本位的诸侯国体系。因此,诸侯国之间的合作规范是一种情感关系规范,感情需要礼乐来不断维护,并在一代又一代诸侯国君主之间不断重复。安全需求则是情感维系的现实动力,据《左传·鲁僖公元年》记载:"夏,邢迁于夷仪,诸侯城之,救患也。凡侯伯,救患、分灾、讨罪,礼也。"[2] 除了安全互助关系外,家族血缘关系中的等级性、权威性也延伸为周王室对诸侯国的等级关系。此种关系性权力,在周王室衰落后成为大国争取的目标,"伯"是兄弟之长,争霸即争"伯"。[3]《史记·周本纪》记载:"周室衰微,诸侯强并弱,齐、楚、秦、晋始大,政由方伯。"[4]

周王室衰败后,礼乐制度在春秋初期仍是普遍被认同的治理模式、规则和价值观。

举一个例子,据《左传·闵公元年》记载:"冬,齐仲孙湫来省难,书曰'仲孙',亦嘉之也。仲孙归,曰:'不去庆父,鲁难未已。'公曰:'若之何而去之?'对曰:'难不已,将自毙,君其待之。'公曰:'鲁可取乎?'对曰:'不可,犹秉周礼。周礼,所以本也。臣闻之,国将亡,本必先颠,而后枝叶

---

[1] 吕友仁、李正辉、孙新梅注译:《周礼》,中州古籍出版社2018年版,第179页。
[2] 杨伯峻编著:《春秋左传注》,中华书局1990年版,第278页。
[3] 杨伯峻编著:《春秋左传注》,中华书局1990年版,第798页。
[4] [汉]司马迁:《史记》,中华书局2013年版,第189页。

从之。鲁不弃周礼，未可动也。君其务宁鲁难而亲之。亲有礼，因重固，间携贰，覆昏乱，霸王之器也。'"①

齐国对鲁国进行了吊礼，提出"鲁可取乎？"仲孙湫回答，鲁不弃周礼，未可动也。"不弃周礼"是鲁国维护国内秩序的基本条件，齐国对这样的国家应当亲近，这样做也是齐国获得诸侯国认同的基本条件。"亲有礼，因重固，间携贰，覆昏乱，霸王之器也。"这里所说的称霸的路径是借用天下对礼的认同，获得诸侯的承认和拥戴。违背礼的国家，其内部是混乱的，易于攻打，且攻打这样的诸侯国在体系内也有合法性和权威性。

以上案例说明了礼乐作为生存法则和"国际社会"互动规则的重大意义，作为诸侯国普遍认同的法则，即便是齐国这样的大国也必须以尊重礼乐的模式推进霸权制度的建设，重视鲁国这一遵循礼乐的伙伴。

二、礼乐的践行与生存理性

孔子曰："夫礼，先王以承天之道，以治人之情，故失之者死，得之者生。……是故夫礼必本于天，殽于地，列于鬼神。达于丧、祭、射、御、冠、昏、朝、聘。故圣人以礼示之，故天下国家可得而正也。"② 礼仪的践行涉及君子（礼乐下的政治参与者）个人层面的情感诉求，也是君子对自然和天道的敬畏，无数君子的心理状态组成这一情感体系。这种情感特征的体系是我们应当珍视的宝贵历史资源，是从超验的政治哲学到具体政治实践，从祖先给定的权威叙事到改造个人内心的修身方法的统一体。古人将生活、生存中的理性，以礼乐的方式固定下来，让后人学习和实践，并认为这是最基本的生存理性。因此，孔子说："故失之者死，得之者生。"③

---

① 杨伯峻编著：《春秋左传注》，中华书局1990年版，第257页。
② ［汉］郑玄注，［唐］孔颖达疏：《十三经注疏·礼记正义》，北京大学出版社1999年版，第662页。
③ ［汉］郑玄注，［唐］孔颖达疏：《十三经注疏·礼记正义》，北京大学出版社1999年版，第662页。

这一点为什么重要？西方国际关系理论的核心假定之一是理性经济人，是从作为个人的利益最大化逻辑类比国家的利益最大化逻辑。春秋诸侯国体系从微观层面看，作为个人的理性中不仅有利益最大化因素，也有情感关系的因素。礼乐确立不同类型的情感关系，界定了行为体的身份、责任和利益，且具有维系和深化这种关系的功能。因此，礼乐是春秋国际体系中最为重要的制度，诸侯国之间关系的维系、和谐是最好的生存状态，礼乐是维护各国共生的生存理性。

西周为维持天下体系，对礼乐做了哲学叙事，礼包含从祖先那里传承的对自然和社会的理解，与近现代国际规范、规则存在一定差别。其在历史过程中的传承和演化方式与现代社会的知识生产方式也迥然不同。礼也是对文王、武王等创制的治理规则的继承，对君子提出人生指导标准，需要在每一项政治生活中通过实践去理解。我们不能以单纯功利计算的方式来理解春秋时期执政者、军事将领、思想家的决策行为。对于决策者的道德品质与能力之间的关系，礼要求道德品质与能力相统一。礼内化后，就在君子心中产生"悦"（乐）。某一决策是恰当的，意味着其既符合功利的结果，也不会破坏人与人之间的关系，这有助于维持政治体系的稳定。

面对日常生活和政治决策，君子要时时留意自身心理的变化，锻炼基于礼乐的决策能力。例如敬这一概念，君子怀有敬，应遵循宏观与微观统一，既要对宏观法则敬畏，又要保持一种常在的心理状态。孔子说："道千乘之国，敬事而信，节用而爱人，使民以时。"[1] 敬是一种外在态度，更是一种内在情感，源起于巫术礼仪中对上帝鬼神的尊敬畏惧，理性化后转为生活态度和情感要求，成为塑造人性的一个部分，表现为对客观理则的敬。[2]

除了敬这种常在的心理状态外，辩证逻辑也是重要的政治理性逻辑，体现在对礼的执行尺度方面。周王朝的"天下体系"要求君子在长期的政治实践中摸索出行为的执行尺度。"礼之用，和为贵。先王之道，斯为美；小大由之。

---

[1] 杨伯峻译注：《论语译注》，中华书局2009年版，第4页。
[2] 参见李泽厚：《论语今读》（增订版），中华书局2015年版。

有所不行，知和而和，不以礼节之，亦不可行也。"[①] 君子在血缘氏族关系的基础上，将人际关系的情感认同与政治实践的具体要求相协调，找到最佳决策，也就是对度的把握。《左传·襄公二十九年》中的"直而不倨，曲而不屈"，"哀而不愁，乐而不荒"，[②]《论语·述而》中的"子温而厉，威而不猛，恭而安"[③] 等，都是对从事政治活动的君子的心理要求和行为标准。在这些具体的实践活动中，礼乐塑造了君子审慎地从事政治活动的心理状态，又限制了君子的欲求。

综上，礼乐文化为君子的政治理性确立了诸多标准，是分析中国古代政治决策的起点之一。此种中国古典语境下的理性逻辑，在以往的国际关系研究中容易被忽视。已有研究以国际规范来代替礼作为研究变量。国际规范是国家之间的行为标准，是宏观层面的，而礼也包括执政者日常生活、人际关系的微观层面，并与所有宏观规范相一致，正是这一特征决定了从周王室衰败到春秋末期，东亚大陆政治体系衰退的速度如此之缓慢，其间还有复兴的苗头，会出现打着恢复礼乐旗号的争霸战争，而不是快速转变为激烈的兼并战争状态。

正是因为涉及基本政治理性的变化，法家思想对西周遗留的理念、规则的取代进程是不同理性之间的竞争、更替。许田波和福山从现代、功利的思维角度出发，以郡县制、全民动员能力、中央集权程度作为指标来考察国家的近代性。但他们考察的标准是战争促进近代国家出现，以西方视角考察东亚早期国际体系，在研究思路上给了我们启发，但在历史解读方面与中国古典话语有较大差异，[④] 忽略了春秋诸侯国体系的退化同时也是微观层面人与人之间最基本

---

① 杨伯峻译注：《论语译注》，中华书局2009年版，第7页。
② 吴国公子季札听《颂》乐说："至矣哉！直而不倨，曲而不屈，迩而不逼，远而不携，迁而不淫，复而不厌，哀而不愁，乐而不荒，用而不匮，广而不宣，施而不费，取而不贪，处而不底，行而不流。五声和，八风平。节有度，守有序，盛德之所同也。"参见杨伯峻编著：《春秋左传注》，中华书局1990年版，第1165页。
③ 杨伯峻译注：《论语译注》，中华书局2009年版，第76页。
④ 参见［美］许田波著，徐进译：《战争与国家形成：春秋战国与近代早期欧洲之比较》，上海人民出版社2009年版；［美］弗朗西斯·福山著，毛俊杰译：《政治秩序的起源：从前人类时代到法国大革命》，广西师范大学出版社2012年版。

情感关系的变化，是理性中伦理和情感的消退。他们的研究忽略了春秋时期诸侯国君主对无止境的争霸战争的无奈、对无法帮助"兄弟国家"的无奈，也忽略了小国君主放弃华夏诸侯国身份时的痛苦。只有重视决策者基于礼乐关系的理性，才能重视上述现象，才能更为全面地解释历史。

第二节　国际关系学如何研究春秋时期国际体系

一、研究春秋诸侯国体系需要回答的几个重要问题

如何从国际关系学的角度研究春秋诸侯国体系？如何解释诸侯国之间关系的变化，理解整体主义体系在历史进程中的退化和消亡？

从国际关系学视角进行研究，需要有自己的研究领域、核心变量和解释逻辑，又需要与春秋史料相对应，探究当时诸侯国互动原则的特殊性，而不是以西方国际关系理论的变量对春秋历史进行简单套用，忽视或去除与变量无关的内容，这就需要以历史为基础，寻找适合的理论和分析框架。因此，具体应当遵循以下几个原则：

第一，从宏观把握，研究春秋时期诸侯国的合作规范退化。国际关系学科第一个研究问题是战争与合作。为什么会爆发战争？怎样阻止战争？为什么各国不能进行安全合作？研究者需要解释华夏诸侯国之间情感互助与安全合作，分析合作规则是如何从祖先那里被继承、崇尚和进一步发展的。继而分析情感关系、宗亲互助逻辑为何会瓦解、消失。回答为什么周王室衰落后，礼乐文化不能由其他霸主国来长久维持，为什么不能延续华夏诸侯国体系，为什么华夏诸侯国之间的情感认知没有了，有限/有序战争的规则没有了等一系列问题。

第二，从理性与利益角度出发，研究诸侯国之间安全合作困境、合作制度失灵问题。为什么面对强大"蛮夷"的威胁，诸侯国之间的安全合作会日渐稀少？礼乐制度不仅能维护情感关系，以合作求生存也是礼乐制度的核心内容。合作困境和制度建设是国际关系学的核心研究内容，也有丰富的理论成果，可

以将其作为研究诸侯国规范退化问题的切入点。

与西方国际关系实践中把他国预设为威胁,先确立主权不可侵犯规范,并在此基础上通过利益计算和博弈建立起来的合作制度不同,春秋时期的安全互助制度从血缘和部落的亲近关系演化而来,包含多种合作内容和情感联系,通过礼乐仪式和安全合作维持规范的有效性、合法性与稳定性。因此,安全合作制度中的情感互动必不可少,并通过礼乐来制度化。华夏诸侯国之间需要"以凶礼哀邦国之忧:以丧礼哀死亡,以荒礼哀凶札,以吊礼哀祸灾,以禬礼哀围败,以恤礼哀寇乱"。[①] 其中,禬礼是指某一诸侯国战败后,其他诸侯国向其捐赠财物,表示哀痛。以恤礼哀寇乱是指诸侯国遭到入侵或国内发生动乱时,邻国需遣使表示忧虑和慰问。面对自然灾害、君主死亡等,华夏诸侯国之间都要表示哀伤并给予帮助。我们可以发现,这种由宗亲血缘关系发展而来的互助关系包含的合作内容更多,共同体的身份认同更强。

虽然礼乐制度维护的情感关系能够部分突破利益计算逻辑,但生存需求和军事合作仍然是华夏诸侯各国最重要的合作内容,情感关系的维护与军事合作是相辅相成的。国际关系学的安全合作理论、国际制度理论仍然是分析诸侯国安全合作必不可少的研究工具。

第三,从春秋历史的特殊性出发,分析战争的意义、规则与战后安排,回答为什么战争的意义从惩罚演变为消灭。将春秋时期诸侯国关系的特殊性与当代国际关系理论中"普遍性"的理论概念进行比较研究。

"国之大事,在祀与戎",[②] 祭祀和战争是春秋时期最重要的政治生活。祀是权威获取的仪式和制度,以礼乐仪式为载体,意味着从祖先那里获得权威,也确定了行为体之间尊卑有序的关系。戎是战争能力,战争分为华夏诸侯国对"夷狄"的战争和华夏诸侯国之间的战争。礼乐仪式与战争之间是相互建构的关系,彼此确定这种行为的意义,最直接体现在华夏诸侯国之间"仪式化战

[①] 吕友仁、李正辉、孙新梅注译:《周礼》,中州古籍出版社2018年版,第179页。
[②] 杨伯峻编著:《春秋左传注》,中华书局1990年版,第861页。

争"及"有限战争"的合作规范和战争实践中。根据中国学者范文澜的统计,春秋时期的 242 年中发生战争 483 次,平均每年两次。① 这些战争的意义是不同的,春秋前半段进程的战争更多是对华夏诸侯国关系的治理权威的争夺,而后半段的战争更多是对各国领土的吞并。在具体研究中,要判断战争的性质和目的,通过分析具体战争行为和战后安排来解释战争为何如此频繁,为何不可避免。

诸侯国君主之间的宗亲关系,允许他者生存和祭祀的共生文化为战争划定了限度和规则,使春秋时期的战争仪式化。在西方国际关系理论中,有限战争/有序战争是威斯特伐利亚体系建立过程中一步一步确立的合作制度,是一种生存与允许生存的互动文化,也是最为基础的规则性公共产品。而春秋时期的有限战争/有序战争是通过血缘、情感关系衍生出的,战争的开始、进展和结束需要执行一系列礼节。其中的投降仪式极为关键,体现出诸侯国间的互动文化是共生文化,定义了战争的形式与意义。

周王朝建立之初,对商王朝等战败部落的处理成为后世效法的范例。周武王克殷时,微子启投降,"武王亲释其缚,受其璧而祓之,焚其榇,礼而命之,使复其所"。② 周武王没有伤害微子启,而是亲自解开他自缚的绳子,接受他进献的玉璧,焚烧其大臣抬的棺材。③ "其明日,除道,修社及商纣宫。"④ 周武王"封子武庚禄父,以续殷祀"。⑤ 周对殷商文化给予尊重,允许其继续祭祀宗庙,同时与其他部落达成共生、合作的安排。

这种投降仪式和战后安排的制度使周王朝快速强盛起来。各部落归附周王朝后,还能祭祀自己的祖先、维持宗庙,因此对周王朝表现出尊重和认可,与各部落一起形成安全互助的诸侯国集团。包容、共生的规则赋予西周体系合法

---

① 范文澜:《中国通史简编》(上册),商务印书馆 2010 年版,第 54 页。
② 杨伯峻编著:《春秋左传注》,中华书局 1990 年版,第 314 页。
③ 相关仪式研究参见景红艳:《〈春秋左传〉所见周代重大礼制问题研究》,中国社会科学出版社 2015 年版。
④ [汉]司马迁:《史记》,中华书局 2013 年版,第 162 页。
⑤ [汉]司马迁:《史记》,中华书局 2013 年版,第 139 页。

性和权威。

到了春秋时期，诸侯国君主作为姬姓后人或姬姓力量集团的后代，继承了周人击败商人的做法，本着宗亲互助原则，确立了诸侯国之间的战争规则：华夏诸侯国内部以适度的惩罚作为战争的尺度，战争以维护尊卑有序为宗旨，在于纠正错误和理顺关系，而不是消灭对方、惩罚对方的百姓，抑或削弱对方的经济。对希望加入华夏体系的外部国家，只要遵从礼乐规范，学习华夏文化，原则上可以获得其他诸侯国的认同，而不是被兼并。

与近现代战争不同，华夏诸侯国间战争的社会关系意义巨大，与战争相关的仪式非常重要：例如交战国之间需要以仪式来结束战争，很多战争没有使战胜国获得土地，仅以投降仪式告终。战争的意义是威服对方而不是兼并对方，兼并战争并非春秋时期战争的主要形式。① 从微观角度看，在让战败者归服的投降仪式中，战败者亲身体验了由死到生的过程，得到对方的宽恕，其宗庙祭祀、人民和财物得以保存，由此心中产生了对胜利者的感激、服从之情。

有限战争成为春秋时期最重要的合作规范和公共产品。因为战胜者应当依据礼乐规范发动战争，被周王（或者霸主国）领导的联军打败的诸侯国应当认为接受惩罚是理所当然的。虽然春秋时期的很多战争并非依据礼乐规范发动，也未得到周王的授权，但战败投降的一系列仪式得以保留。这是一种以仪式获得权力、维持秩序的成本最低的方式，因为大规模兼并战争需要歼灭对方主力军队，诸侯国之间的生死大战对劳动力的破坏十分巨大，而劳动力对以农耕为主要经济形式的青铜时代国家非常重要。有限战争的规范极大减弱了诸侯国的生存压力，减少了对有生力量的杀戮及对土地等战争资源的无限制占取，使得某一大国可以通过战争能力迅速成为霸主国，以获得服从的方式得到对华夏安全共同体的领导权。但从春秋初期开始到春秋末期，大国对小国的兼并战争一直没有停止，大国要成为新的霸主国需要具备巨大的战争能力，只有当新霸主

---

① 王进锋：《春秋战国投降礼仪述论》，《五邑大学学报（社会科学版）》2008年第4期，第71—75页。

国以自己为中心建设合作制度后，才会积极惩罚其他诸侯国的战争行为。

第四，从微观角度分析会盟[①]、朝聘等仪式以什么样的方式举行，特别是分析以违背规范、强迫的方式举行仪式的现象。从国际政治社会学角度对春秋时期的政治仪式进行分析，丰富、细化古人关于礼崩乐坏的解释。

礼乐制度及其承载的合作规范是周王室获得权威、维持王朝稳定的关键。国际关系学界关于东亚古代体系的研究少有对具体仪式的考察和分析，而仪式在春秋诸侯国体系中发挥着非常重要的作用。

周王室军事权力衰落后，无力提供军事援助等公共产品，诸侯国具有强大的军事实力，会选择对礼乐进行改造性使用，具体方式和途径是可以选择的。礼仪和规范不是不能改变的，但需要得到各国的承认，使各方感到舒适，这是关系的"和"与"谐"。霸主国要想对规范提出新的阐释，新的礼乐仪式行使范例就显得非常关键。礼乐仪式的创新性使用不是礼崩乐坏，礼崩乐坏是对仪式的错误使用，以及所导致的礼乐仪式的政治权威的丧失。要想理解"礼乐征伐自诸侯出""春秋无义战"这些经典命题，关键在于理解礼乐仪式的错误使用、扭曲化利用。

对于仪式这个研究变量，我们需要从两个层面进行研究。从宏观层面来看，我们在研究规范退化的过程中，要确定导致礼乐仪式被误用的动力机制，然后观察误用是否产生了负面效果：都是哪些礼仪被误用？是霸主国发起的，还是小国发起的？仪式结束之后，霸主国与其他诸侯国的关系是否发生了改变？这种改变是否趋于稳定？

从微观层面来看，春秋时期出现大量礼仪误用的现象，正是这些误用从微观层面的情感和心理上改变了政治决策者的理性认知。我们需要从仪式的微妙变化入手研究春秋诸侯国体系，进而从古典话语中的情感、心理角度出发，对研究问题做出国际政治社会学解释。

[①] 会盟包括敌对国家，如楚国。这里的"盟"与现代意义的军事联盟不同，是盟誓的仪式。

国际政治的社会理论中，国际实践理论对仪式研究较为深入。该理论认为，仪式是诸侯国参与的社会表演，是一种表现性权力的施加，礼乐仪式给角色设定了台词、服装、舞台、剧本和观众。春秋时期，霸主国通过发起会盟、战争或受降仪式等重要仪式，邀请其他诸侯国参加，使之成为"观众"，形成一个权威获取的社会场景。这些微观层面的互动需要政治决策者以身体、心理情绪高度参与其中，这种切身参与与利益计算一同构成决策者对诸侯国关系的理解。[1]

如何分析微观层面的仪式？如何探究具体仪式与春秋国际体系之间的逻辑关系？下面仍然从投降仪式入手，为春秋诸侯国体系的社会仪式、社会实践研究提供一个分析范例。

鲁宣公十二年（公元前597年），楚成王攻打郑国，在投降仪式上"郑伯肉袒牵羊"。[2] 羊表示恭顺和服从，肉袒表示愿意接受一切处置。放弃权威，接受对方的处置，承认对方的权威，战争结束。鲁僖公六年（公元前654年）夏，"诸侯伐郑，以其逃首止之盟故也。……秋，楚子围许以救郑，诸侯救许，乃还"。[3] 之后，鲁僖公六年，"蔡穆侯将许僖公以见楚子于武城"。"许男面缚衔璧"以见楚王。郑国、许国的投降仪式是一种被迫的礼仪使用。楚国并非华夏国家，反而是吞并诸多华夏小国的敌国，郑国这种小国在投降仪式上多次向

---

[1] 同近现代国际关系不一样，春秋时期的古人除了通过铭文记录重大事件外，很多战争没有以达成文字协议的方式结束，而是以道具、台词和仪式的方式完成战后各项权利安排、战胜国与战败国关系的安排，因此举行仪式对春秋诸侯国关系而言极为重要。以陈国的投降仪式为例，鲁襄公二十五年（公元前548年），"六月，郑子展、子产帅车七百乘伐陈，宵突陈城，遂入之……子展命师无入公宫，与子产亲御诸门。陈侯使司马桓子赂以宗器。陈侯免，拥社，使其众男女以累，以待于朝。子展执絷而见，再拜稽首，承饮而进献。子美入，数俘而出。祝祓社，司徒致民，司马致节，司空致地，乃还"。陈哀公派司马桓子献上宗庙的祭器，自己穿上丧服，捧土地神的木主，让手下把自己捆绑在朝堂等待处置，这是放弃政治权威的举动，将所有权力交给对方处置。郑国人向土地神祝告祓除灾祸，司徒归还百姓，司马交还符节，司空归还土地后回郑国，这意味着郑国给予陈国生存、军事和发展的权利。参见杨伯峻编著：《春秋左传注》，中华书局1990年版，第1102—1103页。

[2] 杨伯峻编著：《春秋左传注》，中华书局1990年版，第719页。

[3] 杨伯峻编著：《春秋左传注》，中华书局1990年版，第314页。

华夏诸侯国的霸主国——晋国和敌对的楚国使用相同的仪式，造成仪式意义的减弱，华夏诸侯国身份的不断丧失。

首先，战争的目的是迫使权威转让，宗器的进献意味着祭祀权力交给他人，是服从的表现。战争是一种强迫服从的博弈，借此获得对华夏诸侯国的领导权。其次，被攻击的一方往往是弱者，强者没有得到周天子的授命就发起战争，投降仪式在一定程度上没有合法性，仪式的象征意义受损，导致霸主的身份受损。霸主不义，投降者违心。投降者参加投降仪式就意味着把自己最珍贵的政治生命交给对方，投降者违心地进行仪式，仪式被去意义化。最后，对敌国错误使用仪式，对楚国这种没有内化合作规范的敌人使用仪式，是对华夏诸侯国身份的一种损伤，也是对仪式承载的意义和社会象征的一种损耗，楚国灭掉了诸多华夏诸侯国，误用这种仪式是被迫的，也是郑国为了保全生存而做出的无奈之举："十七年春，楚庄王围郑，三月克之。入自皇门，郑伯肉袒牵羊以逆。"① "郑伯肉袒，左执茅旌，右执鸾刀。"② 作为观众的其他诸侯国看到郑国将宗庙祭祀的器物拿出来献给楚国（茅旌是祀宗庙用的），郑国作为华夏诸侯的身份受到损害，华夏体系和互助规范的权威性也受到损害。此后，再有胜利者接受郑国投降时，则认为郑国对投降仪式极端不重视，因而不信任郑国的承诺。

此外，这种礼乐仪式也从体系层次（诸侯国之间）对国内层次（诸侯国内部）产生影响，破坏了整个春秋时期尊卑有序的政治秩序。诸侯国君主是宗族的代表，"肉袒牵羊"意味着放弃了政治权威。观看仪式的观众还有其国内下属的贵族、士大夫等。通过上行下效的逻辑，诸侯国贵族反复参加君主"舆榇"（葬礼）的投降仪式会带来其他效果，③ 并非所有意义都按照规定展现：君

---

① ［汉］司马迁：《史记》，中华书局 2013 年版，第 2041 页。
② 刘尚慈译注：《春秋公羊传译注》，中华书局 2010 年版，第 362 页。
③ 在春秋时期其他投降仪式上，还有大夫衰绖、士舆榇的现象，舆榇是抬棺材，衰绖是穿着丧服。微子启向周武王投降、赖国国君向楚共王投降时，仪式中均有舆榇内容。舆榇代表着国君放弃了自己的生命，将自己完全交付对方处置（献上宗庙的祭器也意味着将宗族的政治生命交给对方），胜利者的宽恕被认为是给予战败者生存的权利，获得对方的服从。

如何研究春秋时期的国际体系

主反复被迫放弃政权是礼仪无效、君主无能的表现，士大夫阶层看到本国国君权威的无效。

综合上述分析，通过投降仪式，战败的诸侯国归附于胜利的诸侯国，而不是被兼并。在争霸战争中，如果战败的诸侯国还怀有脱离霸主国的意愿，导致仪式不可信、仪式无效化，不能再取得霸主的信任，那么就意味着霸主国可能会兼并该国或以分割土地的方式削弱其战争能力。战败仪式的无效化将导致小国无法确定自己的生存权，有限战争/有序战争规则失效，生死战争、军事联盟的竞争进程极大加速，华夏诸侯国之间互助、允许生存的规范将最终衰亡。从上述分析中我们可以发现，微观层面的仪式对春秋时期的诸侯国体系而言具有重要意义，只有对仪式的实施方式、意义进行分析，才能充分解释以情感关系为本体的春秋国际体系的变化。

对于礼乐仪式的研究，在研究方法上我们无需考察每一个仪式的执行，只要确定某一时期内，霸主或大国是否采取典型的错误做法，是否以违背互助规范和小国意愿的方式误用礼乐仪式，就可以判断君子在这些仪式中的内心体验和情感变化，这是规范退化的微观基础。

二、如何借鉴先秦思想家的经典解释

为什么不能阻止诸侯国对礼乐的败坏？先秦思想家对春秋体系演化问题提出极具价值的解释，国际关系学需要对这些解释进行探究和再阐释。本书在文献梳理部分讨论先秦思想家的几种著名论断，但在研究中主要聚焦孔子对春秋诸侯国体系瓦解的解释，运用国际关系学的知识和方法，结合儒家概念和逻辑，将孔子给出的解释理论化。

在此以孔子相关解释为案例，讨论借鉴春秋思想家观点需要依据的几个基本原则。对于春秋诸侯国体系的瓦解，孔子的解答是礼崩乐坏、上行下效、名实不符等。他认为，不同名位的政治行为体应履行自己的职责，政治权威应当上下有序，这样的天下体系才能维系长久："天下有道，则礼乐征伐自天子出；

天下无道，则礼乐征伐自诸侯出。自诸侯出，盖十世希不失矣；自大夫出，五世希不失矣；陪臣执国命，三世希不失矣。天下有道，则政不在大夫。天下有道，则庶人不议。"①

第一，上述解释关乎政治权威、权威的载体——礼乐仪式、权力下移和礼乐被误用等概念和逻辑。在研究过程中，我们需要以诸侯国之间的具体互动行为为依据，一一辨明这些概念和逻辑。

礼乐征伐是具体的政治行为，是名实不符中的"实"，与"名"（名位、称呼、地位）之间应是一一对应的关系。名位中又包含"上"与"下"的关系，因此承载着政治权威的安排。名位由具体的礼乐确定的差异化仪式来彰显。春秋时期出现的名位与礼乐不匹配的问题，同时也是权力与权威不匹配的问题。周天子在军事实力上难以自保，而实力强大的诸侯大国僭越地使用礼乐，对小国任意发动战争。这是国际关系学中的权威转移与权力转移无法同步的理论问题。孔子认为，大国僭越地使用仪式导致诸侯国间秩序失衡、关系混乱，最终体系进入超长期的衰败（"天下无道，则礼乐征伐自诸侯出。自诸侯出，盖十世希不失矣"）。这一衰败是礼乐仪式的衰败，也是人与人之间关系的混乱、人对礼乐信仰的衰败。

大国争霸时追求"伯"的名位，在此过程中"实"——礼乐征伐的错误运用，导致名实不符，名的意义被歪曲、解构，产生新的意义。霸主就从保护者、帮助者、表率者变成欺凌者和破坏者。

名位内嵌于礼乐为基础的"国际社会"中。从身份认同来看，国际体系内实力较强的诸侯国（齐、鲁、晋、卫、宋、郑、秦等）都认同以礼为核心的互动规范。随着历史的发展，华夏诸侯国在东亚大陆的军事权力总量是大幅增长的，在当时东亚大陆的权力总量中占有较大比例，这意味着各诸侯国在维护礼乐规范时不会出现权力资源不足的现象。这些诸侯国有责任、收益划分明确的

---

① 杨伯峻译注：《论语译注》，中华书局2009年版，第172页。

合作制度。正是因为有了社会制度和意义，有了礼乐仪式和名位，大国才能够追求在此制度中霸主的名位。

然而，上行下效与礼乐征伐自诸侯出两种逻辑导致礼崩乐坏和春秋"国际社会"的瓦解。霸主名位代表着制度中的领导权，并且被建构为不可分割与让渡的重要利益，大国间无法就该利益的分配达成协议。某些高效率的竞争行为也是破坏制度、违背规范的竞争行为。大国的错误竞争行为违背了礼乐制度，导致小国争相效仿，大国为了争霸也姑息一些小国的错误行为。这种上行下效的机制导致春秋时期各层次政治行为体不能履行自己的责任，客观上会导致合作制度效率低下、各国间信任丧失、小国生存状态不断恶化等。

古典话语重视权威、名位的价值和礼乐仪式的作用。春秋历史反映了国家在制度之内依然存在激烈竞争，制度内竞争如果得不到良好的限制，可能会使国家间关系回到现实主义的生存逻辑之中。

第二，在研究中，我们不能固守先秦思想家的著名论断，特别是关于春秋诸侯国体系退化的直接论断，应当灵活理解并运用相同流派的政治哲学观点，把多个重要论断和命题结合起来，形成完整的解释逻辑。

例如，我们可以将儒家的名实相符（维护秩序规范）和强调变化发展的中庸思维联系起来提出理论。"和"与"谐"是中国古典政治的重要价值追求。适应变化是"和"这一儒家政治理性的本质。礼乐在体系变化的情况下如何包容现有的因素，使诸侯国间的关系再度达到和谐状态？春秋时期的体系衰退是战争能力从周天子下移的过程，是诸侯国自主权增长的过程，却少有制度创新。

西周从设计天下体系的那一刻起，已经把天子与诸侯之间的不对称权力关系考虑在内，既要杜绝未来军事权力关系反转的可能，又要杜绝治理权威转移的可能，必然造成已有制度无法应对后来出现的权力结构变化、由诸侯大国而不是周天子提供公共产品等现象。在春秋时期的具体实践中，礼仪和规范不是不能改变的，但改变需要得到华夏诸侯国承认，使各方感到舒适，这是行为中的"和"与"谐"。面对周王室衰微,各国如何适应变化,以确立新的上下关系?为什么华夏诸侯国的合作制度没有中兴的可能?为什么没有公认的霸主国资格的获取机制?霸主如何创设新的礼乐仪式?

用现代国际关系理论的话语来讲,这是权力结构与国际规范、合法性之间的困境。春秋历史的第一个重大争霸事件是"射王中肩"[①]。周王朝因军事力量衰落而不能有效发挥作用。但天下体系的政治秩序还要延续,从华夏诸侯国体系到诸侯国内部,再到封建大家族内部,大小不同但结构相似的政治行为体都需要礼乐发挥作用。体系混乱、冲突极端化的原因也在于没有新的礼乐制度创建以适应权力结构的变化,让各国关系演变为新的和谐状态。

周武王克商的战争结束后,其自我克制并承认各部落地位和资格的仪式安排,成为周王室政治权威获得的制度创新。而晋文公在"取威定霸"的城濮之战后,缺乏类似制度和仪式创新,虽然在诸侯会盟、自己的丧葬仪式等礼乐制度上有所诉求,但主要是利用现有规则对自己的争霸行为进行阐释,没有较多的礼仪创建,未能解决权威转移的问题。他甚至为了一时的功利需求,歪曲原有仪式的安排和意义,损害仪式和其他象征载体的权威性,这些误用仪式的情况进一步瓦解了春秋诸侯国体系。

礼崩乐坏这个论点考虑的是为什么诸侯国未能坚持旧规则,为什么华夏诸侯之间出现内斗和僭越行为。而现代国际关系学需要研究在原有霸权国衰落的情况下,维系已有的合作制度,要依靠哪些制度创新,如何包容现有的变化因素而达成大国之间的和谐。以儒家话语理解,适应变化才是"和"这一概念的本质。[②]

第三,从历史案例中理解并阐释先秦思想家的观点。单纯用西方理论解释春秋诸侯国体系,难以把握礼乐文明的特性,特别是礼乐对社会关系长久维系

---

① 杨伯峻编著:《春秋左传注》,中华书局1990年版,第106页。
② "中也者,天下之大本也;和也者,天下之达道也。致中和,天地位焉,万物育焉。"[宋]朱熹:《四书章句集注》,中华书局2010年版,第18页。

的能力。同时我们也应当注意，孔子时期的理论形态虽然存在实践的、应用的、积累的偏好，但也存在伦理的、应然的、高度逻辑统一的偏好，正所谓"吾道一以贯之"。①

春秋国际体系是整体性的、情感性的、过程性的体系。微观层面的君子的内心与宏观层面的体系规范之间是互构关系，君子的日常生活就是礼乐政治生活："其为人也孝弟，而好犯上者，鲜矣；不好犯上，而好作乱者，未之有也。君子务本，本立而道生。孝弟也者，其为仁之本与！"② 这就解释了它为什么能够经历一个长历史时间段的衰微。研究者要考虑礼乐规范的道德性、哲学性等超验特征，从整体主义视角去理解。

虽然春秋时期的规范总是显示其道德追求，但我们还是要重视历史现实，因为春秋历史毕竟是原有道德规范崩塌的历史。政治参与者内化规范的程度、对规范的理解差异巨大。政治家总是依据具体利益对规范进行再阐释，改变规范的意义。

第三节 本书的研究设计和研究方法

第一，梳理和分析国内外学者关于春秋国际规范退化、国际体系演变问题的主要研究成果，分析已有研究的解释路径，找到容易忽略的研究问题和变量关系。

一些研究忽视了春秋时期规范和制度对各国的影响，把大国争霸看作近似于现实主义权力争霸的过程，这样的做法也忽视了大国违背规范、破坏合作制度的现象。③ 本书重视规范和制度的作用，通过分析大国在合作制度内的竞争，

---

① 杨伯峻译注：《论语译注》，中华书局2009年版，第38页。
② 杨伯峻译注：《论语译注》，中华书局2009年版，第2页。
③ [美]许田波著，徐进译：《战争与国家形成：春秋战国与近代早期欧洲之比较》，上海人民出版社2009年版，第18页。

给春秋国际体系的演变提供解释。

除了针对春秋诸侯国体系的相关研究外,本研究还需要梳理国内外学者从国际关系理论角度对规范退化问题提出的理论解释,看看这些理论成果能否充分解释春秋时期的规范退化问题。

在已有研究的基础上,本书提出春秋规范退化问题还需要深入研究的几个方面:一是考察霸主国的权威获取方式是否遵循规范,研究霸主国如何利用规范或歪曲规范以获得领导权威。二是考察霸主国的公共产品提供状况,分析霸主国如何领导安全合作?有哪些运行成本?争霸战争与安全合作之间的关系是什么?三是考察霸主国有没有进行新的制度创建,过去的合作原则和规范是否有变化,是否形成新的、被认可的制度机制,抑或出现霸主国权威丧失的潜在逻辑。四是结合先秦思想家的观点对该问题进行研究,提出以古典政治话语为基础的理论解释。

第二,确定理论的标准和形态。跨越范式的理论构建是对历史的尊重,我们不能因为学派争论,就以理论为依据主观地削切历史事实,这样会忽略重要的研究问题和解释变量。跨越范式的理论构建也为我们从古人的决策逻辑和环境因素出发,将古典政治话语与国际关系理论进行比较研究提供了分析基础。

作为史实的春秋诸侯国体系摆在那里,如何进行理论抽象,与不同时代的理论偏好有关。对春秋时期弥散着文化规范的整体主义体系进行研究,不能拘泥于现代西方国际关系理论研究范式。范式是知识史发展过程中形成的诸多思维框架或研究视角。随着国际关系宏观理论的评价标准越来越注重阐释、理解和透视而不是预测,理论逻辑的构想也不再完全受范式束缚。因此,能否采取分析的折中主义的研究方法已不再是问题。

国家间互动文化的转化属于国际政治社会学的研究范畴。但这一研究问题既涉及国际领导权未能有效转移,合作制度未能做出适应性改革的问题,也涉及大国争霸的问题。社会学研究的主体间性(如国际规范)与国家的理性计算、利益权衡之间并不存在绝对矛盾,规范的适当性逻辑与利益计算的工具理性之间也不一定是对立关系，理性的利益计算反而为适当性逻辑的变化提供了条件。

春秋时期，诸侯国间互动的行为模式是流动的、变化的，因此要在差异和变化中寻找逻辑机制。规范并不一定完全塑造诸侯国的利益认知和互动行为，有时会被违背，也有可能退化。研究既需要借鉴亚历山大·温特的建构主义观点来理解春秋时期的"国际制度"，又要根据春秋时期的史料来确定当时的具体制度、具体规范的属性、诸侯国的身份认同和利益认知，探究诸侯国违背规范并导致规范退化的原因。

一个时代、一种文明下，背景知识是思维方式、理论构想的"母体"。[①] 礼乐规范作为一种"知识"，弥散在华夏君子的思维中。如"德""敬"等概念，从天子到卿大夫，每个层次的政治参与者都认同这些概念，很多情况下与其功利性诉求并不矛盾。

我们以最为典型的案例来说明这个问题，在决定大国命运的时刻，国君和卿大夫如何权衡遵循规范和追求利益之间的关系：

公元前632年，面对楚国对华夏诸侯国入侵，晋国在是否跟楚国展开大战时进行了以下战略权衡。先轸曰："报施、救患、取威、定霸，于是乎在矣。"[②] 狐偃曰："楚始得曹，而新昏于卫，若伐曹、卫，楚必救之，则齐、宋免矣。"[③] 晋国这个案例显示出，大国对自己的责任，以及通过维护规范获得威望的机会有明确的认知。在晋国君臣眼里，救助"宗亲兄弟"与获得各国服从相统一，获得霸主名位与承担重大风险（与楚国决战）相统一。

从微观的角度来看，也是在此次战役的准备过程中，晋国内部依据对经典文献的解释和礼乐规范的理解在几名大臣之间实现了新的权力安排，也实现了

[①] 秦亚青：《行动的逻辑：西方国际关系理论"知识转向"的意义》，《中国社会科学》2013年第12期，第181—198页。
[②] 杨伯峻编著：《春秋左传注》，中华书局1990年版，第445页。
[③] 杨伯峻编著：《春秋左传注》，中华书局1990年版，第445页。

制度内竞争与春秋时期国际规范退化

晋国内部的团结和军事力量的最大化：

> 于是乎蒐于被庐，作三军，谋元帅。赵衰曰："郤縠可。臣亟闻其言矣，说礼、乐而敦《诗》、《书》。《诗》、《书》，义之府也；礼、乐，德之则也；德、义，利之本也。《夏书》曰：'赋纳以言，明试以功，车服以庸。'君其试之！"乃使郤縠将中军，郤溱佐之；使狐偃将上军，让于狐毛，而佐之。命赵衰为卿，让于栾枝、先轸。使栾枝将下军，先轸佐之。荀林父御戎，魏犨为右。①

在晋国眼中，小到内部的团结，大到号令华夏诸侯国合作，遵循礼乐与实现权力最大化之间的逻辑是统一的。对不同诸侯国、不同政治家来说，礼乐规范的内化程度、理解方式、应用方式是有差异的，但其最终的决策需要依据从礼乐规范中衍生出来的逻辑（合法性）。虽然诸侯国之间在面临安全威胁时不相互救助的情况经常发生，且晋文公自己也在游历各国时经受屈辱，但在重大决策时，晋国君臣依然通过对《诗》等文本的阐释赋予其行为以合法性、合理性。

此外，在春秋时期，仪式与权力的互构性非常明显。诸侯的权力需要礼乐仪式来支撑，甚至可以说诸侯之所以是诸侯，很大程度在于行诸侯之礼，只是具体方式会发生变化。从战败的礼仪来看，"若师不功，则厌而奉主车，王吊劳士庶子，则相。"②《孔丛子·问军礼》载："若不幸军败，则骑赴告于天子，载櫜帐。天子素服哭于库门之外三日，大夫素服哭于社，亦如之。"③秦穆公的军队败于殽时，他亲自吊恤，以示对自己对战败的痛苦，对死亡军人的哀伤，用以维持对军队的管理。一个个微观的礼乐仪式和象征物的运用决定了诸侯国

---

① 杨伯峻编著：《春秋左传注》，中华书局1990年版，第445—447页。
② ［唐］杜佑：《通典》卷三十六，中华书局1982年版，第305页。
③ 傅亚庶：《孔丛子校释》，中华书局2011年版，第421页。

权力的维持与变化。这里展现出礼乐规范与权力两种变量之间不存在非此即彼的矛盾对立，而是深度互构的。为提出更具解释力、符合春秋历史的理论解释，我们需要采取折中主义的理论形态，结合不同流派的理论（现实主义理论、国际政治社会学的实践理论和国际制度理论等）构建分析框架。

第三，从国际体系层面展开研究，寻找最核心的解释逻辑。对于春秋诸侯国体系的研究，需要将古典概念、史实与当代分析工具相结合，确定春秋国际体系的几个核心要素，以此为起点，呈现出体系演变的最重要动力，而不是对每个具体的历史细节进行解释。

本书认为，国际体系以规范、规则为核心要素，由此确定国家之间的互动关系，包括安全获取的基本方式、体系收益的分配形式、体系维持的权威来源和施加方式、维护/违背规则的奖惩机制。本书需要总结并考察春秋国际体系中最为重要的互动规范，这些规范为诸侯国提供安全保证，霸主国也能够以此为基础，持续维护体系运转，甚至发展出以自己为中心的体系。这些规范既符合道德规范诉求，也符合各国生存利益的需求。同时，我们也要重视生存利益、权力需求对诸侯国决策的影响。美国学者温特对国际规范的观点是一种理想化观点，是为了批判现实主义理论而设定的理论表达。我们需要承认，任何国际体系内总是存在违背规范并导致规范退化的动力。

第四，提出关于各诸侯国在合作制度内无序竞争导致规范退化的假设，并运用史料对假设予以证实或证否。针对诸侯大国间大量的无序竞争行为，研究需要从无序竞争导致合作困境的逻辑出发，分析争霸战争的原因、过程和影响。华夏诸侯国共同体内存在大国为了竞争霸主地位而违背合作规范的现象，这种现象导致合作规范的退化和诸侯国互助制度的瓦解。本书主要分析制度内无序竞争现象出现的条件，以及其发展和消亡的逻辑。通过对这一过程的分析，证实大国之间争夺霸主地位的互动关系，确定大国所采取的主要竞争手段为违背制度的手段。从史实的角度分析并证实这些竞争手段如何破坏相关规范、如何瓦解集体认同。

第五，研究还需要从礼乐仪式被误用的角度，分析战争和战后仪式对参与者的心理影响，探究礼乐仪式被歪曲使用并渐渐消亡的机制。通过研究无序竞争导致礼乐被误用和规范退化，以国际关系相关理论阐释名实不符、礼崩乐坏、上行下效和礼乐征伐自诸侯出等古典政治话语，深化国际关系理论对春秋体系的解释力。

第六，在史料选择上，本书参照杨伯峻的《春秋左传注》，同时结合《春秋左传正义》[①]来理解和分析。《春秋》和《左传》的史料价值相对较高、杜撰较少，历史学者的注疏基本是对此二书中可能存在的疏漏进行探讨。除《左传》外，本书还参照《史记》《尚书》《战国策》和《国语》等历史文献，至于后人提出异议的伪作部分、错误记录或有争议的内容，则不在史料引证范围内。

春秋"国际制度"内的无序竞争是一种长时期、高频率的互动。诸侯国体系经历了两个规范演变过程：从规范衰败到齐桓公称霸，再到晋国主导的"国际制度"解体。其中，仅晋国主导体系的时期就长达130余年，很难以个别史料去证否本书所依据的长时间段内诸侯国之间的规律性互动逻辑。

[①] ［晋］杜预注，［唐］孔颖达等正义：《春秋左传正义》，上海古籍出版社1990年版。

第二章 研究成果梳理

是什么导致诸侯国之间的合作规范退化？针对这一问题，国内外有很多研究成果，既包括历史学、国际关系学关于春秋诸侯国体系演变、规范退化的研究成果，也包括先秦思想家针对这些问题的观点。除了专门以春秋历史为重点的研究外，国际规范退化问题是国际关系学的重要研究议程，相关研究提出很多解释路径。这些解释是否能应用于春秋诸侯国体系的规范退化问题，是否有解释力不足的困境？

本章希望通过梳理这些成果，探讨其解释思路和解释力，阐述本书所提出的制度内无序竞争逻辑的不同之处。

第一节 春秋战国时期体系瓦解的研究成果

一、当代学者对春秋战国时期体系瓦解的研究成果

对于春秋战国时期的诸侯国体系演化，国内外学者提出很多有意义的解释，主要有以下几种观点：

第一，部分研究忽视了合作规范，将春秋时期诸侯国关系默认为现实主义文化，之后，这些研究试图解释冲突更加激烈的原因。

相关研究侧重于分析权力分配和战争之间的相关性，认为周王室建立的分封制导致春秋时期多极体系的出现和随之而来的冲突，而战国时期诸侯国属性的变化强化了各国的冲突观念和战争能力，导致霍布斯状态的出现。

对于分封制对诸侯国体系层面的影响，许倬云提出分封制导致周王室军事实力衰落，诸侯国的安全越发依赖自身的军事力量，各国日益地区化，对周王室的支持减退。分封制也导致诸侯国内部的政治、经济、社会改革，改革的目标是适应更激烈的兼并战争。[①] 许倬云认为，诸侯国君主在其国内的分封导致大贵族的崛起，后者与君主之间的政治冲突愈演愈烈，甚至爆发激烈的武装冲突，将君主赶出国境。激烈的内部冲突导致诸侯国国内集权化改革，权力集中到君主手中，并将之赋予士族阶层。伴随着这种国内社会流动的过程，适用于权力斗争的法家思想成为战国时期的主导思想，而周礼制度随着国内贵族阶层的没落而衰败。法家思想和政治改革强化了各国的冲突观念和战争能力。[②]

国际著名汉学家尤锐的观点与许倬云非常近似，他认为世袭官职和封邑体系的出现"将权力集中到大臣手中，这意味着春秋时期的封建领主失去了经济、军事权力，而依靠采邑的世袭官员可以轻易挑战他们的主人"[③]，贵族知识分子要求君主遵守儒家道德，但这无助于君主稳定政治。士族阶层不属于贵族世家，他们重新定义了君王的意义，支持君主建立集权国家，进行兼并战争。这导致周礼体系的瓦解和战国时期大规模的兼并战争。[④]

在对春秋战国体系的研究中，也有"战争导致近代国家形成"论断的相关

---

① Cho-yun Hsu, "Ancient China in Transition: An Analysis of Social Mobility 722-222 B. C. ," Stanford: Stanford University Press, 1965, pp. 175-177.

② Cho-yun Hsu, "Ancient China in Transition: An Analysis of Social Mobility 722-222 B. C. ," Stanford: Stanford University Press, 1965, pp. 175-177.

③ Yuri Pines, "Envisioning Eternal Empire: Chinese Political Thought of the Warring States Era," University of Hawaii Press, 2009, p. 30.

④ 提出类似的观点还有何怀宏：《世袭社会及其解体——中国历史上的春秋时代》，生活·读书·新知三联书店1996年版。

成果。许田波在解释春秋战国国际体系演变时，默认其是一个冲突性体系，体系层面的观念变量是现实主义文化，而发生变化的只是单元层面诸侯国的战争能力和策略。战争能力和策略的发展导致诸侯国间冲突和战争不断激化。她对于春秋时期诸侯国之间的合作和维护体系规范的历史事实没有太多研究，其观点试图解释各国的互动是如何由均势制衡状态转向极端霍布斯状态，并最终走向兼并战争。

"支配逻辑"是许田波对现实主义权力逻辑的一种突破。诸侯国之间强烈的战争动机和生存欲望导致权力制衡失败，激烈的兼并战争不是现实主义想要的结果，因为权力制衡的目标是和平。许田波提出，春秋时期的制衡逻辑[1]既包括诸侯国之间的权力制衡，也包括诸侯国内部政府与社会之间的制衡，这使得诸侯国战争能力不足。制衡逻辑导致春秋时期的权力均衡和并不十分激烈的战争状态。而战国时期的支配逻辑，[2]即各诸侯国采取"自强型改革"[3]（提高政府从社会汲取资源能力的改革）和不择手段的扩张策略导致惨烈的兼并战争，并突破了现实主义制衡逻辑，使历史走向秦帝国的统一状态。

还有学者强调经济发展和经济制度改革、[4]地缘政治、政治制度改革等因素的作用，认为这些因素造就了诸侯国更强的冲突型安全观和战争能力，[5]导致其越来越专注于暴力冲突和兼并战争。

---

[1] ［美］许田波著，徐进译：《战争与国家形成：春秋战国与近代早期欧洲之比较》，上海人民出版社 2009 年版，第 18 页。

[2] ［美］许田波著，徐进译：《战争与国家形成：春秋战国与近代早期欧洲之比较》，上海人民出版社 2009 年版，第 20 页。

[3] ［美］许田波著，徐进译：《战争与国家形成：春秋战国与近代早期欧洲之比较》，上海人民出版社 2009 年版，第 23 页。

[4] 这方面的研究有童书业：《春秋左传研究》，上海人民出版社 1980 年版；Thomas Kane, "Ancient China and Post Modern War," New York: Routledge Press, 2007。

[5] 这方面的研究有赵鼎新著，夏江祺译：《东周战争与儒法国家的诞生》，华东师范大学出版社 2011 年版；Jacques Gernet, "A History of Chinese Civilization," Cambridge: Cambridge University Press, 1996。

第二，一些学者指出春秋诸侯国体系中存在"大一统"观念，认为"大一统"观念导致诸侯国之间激烈的兼并战争。[1] 这种观点认为春秋时期各国在东周王朝下实现了"大一统"，而"大一统"观念要求各国必须统一到一个单一政治行为体之下。到了战国时期，由于周王室的衰败，各封建领主发动兼并战争。在春秋至战国这一时期，天下的主导观念没有发生变化，都是"大一统"观念。

当然，学者们对"大一统"这个概念的认识也是不同的。张勇进认为，春秋战国时期的"大一统"体系允许各诸侯国继续生存，[2] "大一统"是统在"共同的文化"[3] 之下，即儒家的天下思想之下。

第三，一些研究重视春秋时期诸侯国之间的互助规范，认为周王室或大国的错误行为导致春秋战国时期诸侯国间规范的不断演化。[4] 例如，有学者提出周王室的道德衰败导致礼乐规范的退化。[5] 这种观点认为霸主国自身不遵守规范，使合法性不断减退，只要这种违背规范的霸权一直维持，规范就不断退化。"周王朝在道义层面的下降在西周时期就已出现，并由此开始了一个漫长的失德、失礼过程"[6]，"春秋时期霸权国的兴起不仅没有改变霸权体系的基本结构，反而维持了西周霸权体系的延续。与西周稍有不同的是，东周王朝方面的因素和霸主方面的因素结合起来才有霸权体制"[7]。到战国时期，周王室的道

---

[1] 辛万翔、曾向红:《"多国体系"中行为体的不同行为逻辑及其根源——兼与许田波商榷》，《世界经济与政治》2010年第3期，第59—73页。

[2] Yongjin Zhang, "System, Empire and State in Chinese International Relations," Review of International Studies, Vol. 27, No. 5, 2001, p. 57.

[3] Yongjin Zhang, "System, Empire and State in Chinese International Relations," Review of International Studies, Vol. 27, No. 5, 2001, p. 46.

[4] Yan Xuetong, "International Leadership and Norm Evolution," The Chinese Journal of International Politics, Vol. 4, No. 3, 2011, pp. 233-264.

[5] 王日华:《道义观念与国际体系的变迁——以春秋战国时期为例》，《国际观察》2009年第1期，第54—60页。

[6] 王日华:《道义观念与国际体系的变迁——以春秋战国时期为例》，《国际观察》2009年第1期，第49页。

[7] 王日华:《道义观念与国际体系的变迁——以春秋战国时期为例》，《国际观察》2009年第1期，第49页。

义地位和规范已经丧失殆尽，而新的道义准则没有建立起来，这导致战国时期各国兼并的局面。

第四，也有学者提出春秋战国时期的战争、冲突规范对各国之间的合作规范实现了替代，导致诸侯国体系向霍布斯状态演化。

学者罗伯特·威廉姆·弗莱维兹在《古代中国文化退化的无政府状态及其对温特进化建构主义的启示》[①] 一文中阐述了春秋战国时期诸侯国之间互助规范退化的现象，并以此作为温特进化建构主义的反例。他认为，在周王室衰落后，大国试图维持以往的互助规范，并建立了类似于集体安全制度的霸主领导制度，但合作规范不断退化，逐渐被冲突观念所替代，这是温特的进化建构主义所不能解释的。

学者亚当·沃森以规范的分布结构和合作效率来解释从春秋到战国的体系变化。他在《国际社会的演化：一种历史比较分析》一书中提出，在西周文明地理环境中，华夏诸侯国外围的"边缘国家"[②] 内化的西周规范比较少、文化更为多样化，因此各国容易吸取那些提升军事竞争力的思想，主要包括秦、楚、越等国。"边缘国家"以争霸等方式挑战西周体系的核心国家，这种挑战造成各国间的权力竞争。竞争过程导致华夏诸侯国之间的合作规范退化、法家思想的传播、频繁的兼并战争和秦国对天下的统一。

以上关于春秋战国时期规范退化、诸侯国体系演化的研究取得丰富、宝贵的成果，但仍存在某些值得商榷的地方。

首先，从春秋诸侯国体系的历史现象看，很多诸侯国之间存在合作规范，并促使齐、晋等大国建立了合作制度。这些制度维持时间较长，参与的诸侯国

---

① Robert William Flawith, "The Regressing 'Culture of Anarchy' in Ancient China and its Implications for Wendt's Progressive Constructivism," Australian Journal of International Affairs, Vol. 65, No. 3, 2011, pp. 263–282.

② Adam Watson, "The Evolution of International Society: A Comparative, Historical Analysis," New York: Rutledge, 2009, p. 68.

众多。① 只有合作规范退化殆尽、诸侯国战争意愿高涨，其提高战争能力的改革才有意义，才能为霍布斯状态的出现提供基础。

诸侯国体系层面的权力分散导致各国间战争的观点预设了现实主义逻辑，权力分散不必然导致冲突。而国内权力分散导致国内冲突，各国决策者受此影响越发信奉冲突型安全文化的观点也是现实主义思维。

一旦给诸侯国体系预设了现实主义或兼并战争的逻辑，要想解释冲突为什么不断加剧这个问题，就只能在诸侯国国内层面找原因了。例如，集权体制的建立使各国能够长期维持高强度的战争状态，世家大族代替小宗公室导致宗法制度消失，法家士族代替世家大族导致实用主义哲学成为治国方针等。诸侯国国内层面的改革不一定导致体系层面的冲突。中央集权国家组成的国际社会不一定处于霍布斯状态。经济发展、税收改革的国家也不一定有好战之心。春秋时期，即使是诸侯各家公室的消失也不一定表明新兴世家大族都是内化现实主义逻辑的决策者。

华夏诸侯国组成的安全共同体为什么会践行许田波所强调的制衡逻辑，进而又一步一步滑向支配逻辑？为什么各国不能回到互助逻辑？从东亚大陆的地缘环境来看，像楚国这样的"边缘国家"力量强大，甚至吞并许多华夏诸侯国。面对安全合作的利益，为什么华夏诸侯国会相互兼并，丧失集体身份，而不是相互合作？现实主义角度的相关研究并没有充分回答这些问题。

其次，诸侯国之间的合作规范不单单由周王室来承载，"尊王"只是各国集体认同的一种表达方式。合作规范主要由各国之间的互动关系决定。春秋历史是大国争霸的历史，各大国希望实践合作，齐国、晋国领导的合作是对规范的重要实践。只是因为大国都希望自己能够居于更高的位置，因此一直处于相

---

① 例如，晋国主导的合作制度从公元前632年践土之盟时建立，到公元前496年齐、宋、鲁、卫、郑联合反晋时瓦解，持续了约136年之久。公元前632年温地会盟时，晋、齐、鲁、宋、蔡、郑、陈、莒、邾、秦都是该制度成员。参见杨伯峻编著：《春秋左传注》，中华书局1990年版，第449、450、1584、1593页。

互争霸的互动之中。大国争当霸主、尊王攘夷的行为意味着诸侯国还在遵循宗法制度，具有较高程度的集体认同。很多关于制度合作的理论观点认为合作规范和集体认同会导向国家间合作，而春秋时期的规范和集体认同恰恰使各国倒向冲突。因此，需要对冲突的性质和意义做出充分的解释，才能进一步了解合作规范的退化。

最后，亚当·沃森关于规范依据其效率和竞争力而更替的观点存在以下两点疏漏。为什么"边缘国家"的规范更具吸引力？这预设了高效率的冲突能力具有吸引力的假定。

一方面，必须搞清楚规范、效率这几个概念的含义和相互关系。军事实力的增长速度与崇尚对外武力征服是两个概念，有的规范能够提高国家的战争能力，有的规范决定国家是否以战争行为对待他国。这是两种截然不同的规范。能够引起新规范替代旧规范的可能是高效提升实力的规范，但不一定是武力征服他国的规范。不同规范之间的竞争，不一定以提高战争能力为标准，而是以有效提高国家安全为标准，高效率安全合作也是国家获得安全的重要路径。

另一方面，"边缘国家"与"中心国家"之间，谁的战争能力更强是不确定的，也常常出现华夏国家向"边缘地区"扩张的现象。齐、晋、郑、鲁、宋、卫几个主要的华夏诸侯国组成的军事联盟，其战争能力远超过楚、越等单个边缘国家。规范竞争导致规范退化的观点混淆了效率与意义的关系。规范可以根据效率来优胜劣汰，但内化合作规范的国家，其战争能力可能比好战国家更高，这无法解释国家为什么会模仿和学习好战的国家。

春秋时期西周分封的主要诸侯国之间仍然保持了一定的集体身份认同，并继承了部分西周"大一统"体系中的互动规范。特别是各国之间是"兄弟"关系，应当友好互助、共御外敌，各国之间尊卑有序等，这些规范被较大程度地继承，各国也希望能够继续实践这些规范。

这些被各国共享的规范必须经历一个长期的互动过程才会退化，而这个过程的参与者必须包括大多数强国，单个强国违背规范的行为会被其他国家所遏制和惩罚,只有各国之间长期违背规范的互动才能导致规范退化。

共享规范的各国拥有春秋时期东亚大陆最为强大的军事力量,外敌国家很难单独挑战该制度。强国履行责任、遵守规范的互动,将阻止规范退化。但强国为争夺制度内的社会性利益(领导位置)而采取的违背规范、破坏制度的竞争行为,会导致规范退化和制度瓦解。只有合作规范退化之后,国家之间处于安全威胁和仇恨状态,才能为霍布斯状态的产生提供可能性。

二、先秦思想家对于春秋战国体系变化的解释

首先,孔子将春秋战乱的原因归为"礼崩乐坏",这种"礼崩乐坏"不仅是诸侯在形式上违背礼制,而且是在心中丧失了道德。

孔子思想的起点是"仁"字,"樊迟问仁,子曰:'爱人'"。孔子认为"仁者人也"。仁是人之间"'同类意识'而始表现者也"。[①] 梁启超认为这种表现在智的方面为同类意识,情的表现方面为同情心,即子曰:"其恕乎!己所不欲,勿施于人。"[②]

其次,华夏各国的关系应是互助的。孔子认为,礼仪可以生仁,仁和礼是相互辅助的。礼要求人以自己为起点,从周围的关系推及天下,做到在亲疏远近的各种关系中,实践君君、臣臣、父父、子子的道德义务。在这样的关系中,礼使人达到仁。虽然礼要求人的亲爱要有差别、有距离,但子曰:"夫仁者,己欲立而立人,己欲达而达人。能近取譬,可谓仁之方也已。"[③] 在这样的逻辑下,人的认同圈可以扩大,人与人之间的关系无论远近都可以达到仁爱的状态。这与西方对于集体认同的认识是不同的,孔子思想中人与人之间的关系是相容的,不是西方那样彼此对立的相互独立的认同圈。礼与仁所塑造的关系中,诸侯国之间发生战争的意义和烈度是不同的,战争要服务于关系维护,而

---

① 梁启超:《先秦政治思想史》,东方出版社1996年版,第82页。
② 杨伯峻译注:《论语译注》,中华书局2009年版,第164页。
③ 杨伯峻译注:《论语译注》,中华书局2009年版,第64页。

不是关系破坏。

再次，儒家重视上下之间的权威关系，这就要求名实相符、上行下效。一方面，等级规范需要维护。"礼乐征伐自天子出"，不同层级的决策者要依据名位和相应的礼乐做出决策，周天子和诸侯大国要做出表率，上行下效的体系运转方式才能发挥作用。另一方面，上下关系要和睦，各自完成相应的责任，大国要给小国提供安全，小国要理解大国的权威。但礼崩乐坏的原因又是什么呢？孔子讲"克己复礼"，由于自身的修为不够，没能达到仁的状态，所以出现了礼崩乐坏。

最后，春秋时期，孔子希望天下能够实现有序治理。儒家虽然强调君主的重要地位，但不一定强求一种完美状态。有研究把周王室的衰败作为体系变化的核心原因：周天子没有为天下做出表率，通过上行下效的机制传递到诸侯和贵族，导致权威体系不再发挥作用。周王室军事力量衰落后，无力惩罚违背礼乐的行为。

子曰："管仲相桓公，霸诸侯，一匡天下，民到于今受其赐。微管仲，吾其被发左衽矣。"[1] 齐桓公和管仲是君王之外维护礼乐制度的代表，作为诸侯大国的管理者，两人虽然克己不多，但复礼不少（存邢救卫、尊王攘夷）。从政治成就看，齐国存邢救卫、尊王攘夷的做法，在一段时间内使体系有了复兴的可能。这种政治成就在孔子看来也是重要的道德成就。

维护华夏诸国的身份是"德"的要求。"民到于今受其赐"，齐国一定程度上恢复了有序的、相对和平的天下体系，这种成绩得到孔子的承认。孔子非常重视有序的天下体系，认同在"伯"的管理下秩序得以维护的价值，而周公旦监国的历史也说明，有序治理的维持是儒家体系的核心追求。礼崩乐坏的真正原因不单单在于周天子修身不够，天下体系也绝不是周天子一人能够承载的。

---

[1] 杨伯峻译注：《论语译注》，中华书局 2009 年版，第 149 页。

春秋时期的华夏诸国需要齐桓公这样的霸主把无序和冲突的关系转为有序,需要孔子这样的政治家参与治理,他们追求的是良好治理的状态,而不是因循守旧地恢复旧秩序。

墨子对春秋战国天下大乱的解释是"自爱"。"自爱"就是自利,只追逐自己的利益而不惜损害他人的利益。墨子认为,诸侯交战的原因是:"今诸侯独爱其国,不爱人之国,是以不惮举其国以攻人之国。"① 人们自利的原因是有差别地认识利益,这种有差别的利益观是观念性的、能够被塑造的。墨子提出,诸侯独爱其国,之后相互攻伐使每个诸侯的利益都受到损害,若诸侯间相互友好则天下太平,这就是"交相利"。为了达到"兼相爱""交相利",墨子提出"尚同义",推举贤能的天子,凡是国内的万民,观念都应上同于天子,而不可与下面勾结。②

墨子的观点近似于行为体的身份不同导致行为体之间的利益冲突,行为体依据各自身份认知,确定了自我利益,而没有形成一种集体身份和集体利益观念。春秋初期华夏各国君主在很多事件中是有集体认同和共同利益的。他们具有一个共同的集体身份,即西周分封的华夏诸侯的身份。诸侯有难时,各国之间的经济、军事援助也是普遍的。是什么导致集体身份的消失和诸侯身份的重构呢?这还需要我们去研究。

孟子认为,春秋至战国的战乱局面是由于各国不实行"王道",而实行"霸道"。孟子提出:"以力假仁者霸,霸必有大国;以德行仁者王,王不待大——汤以七十里,文王以百里。以力服人者,非心服也,力不赡也;以德服人者,中心悦而诚服也,如七十子之服孔子也。"③ 孟子认为,春秋至战国一直战乱不休的原因是诸侯国不行仁义,而以暴力来追逐利益,不会得到其他国家真正的服从。而实行"王道"的国家在观念上天下归心,在军事上所向披靡,

---

① 李小龙译注:《墨子》,中华书局2007年版,第63页。
② 李小龙译注:《墨子》,中华书局2007年版,第59页。
③ 杨伯峻译注:《孟子译注》,中华书局2010年版,第67页。

可以达到天下统一的状态。

孟子对于天下混乱的解释是有道理的，依靠武力竞争称霸或统一确实会导致战乱不断加剧。但是，为什么原有的稳定的"王道"秩序会被打破呢？既然"王道"相对于"霸道"有这么多优势，为什么诸侯还要去追求"霸道"呢？孟子没有对"王道"的维持条件、实施环境、战略方案做出详尽的说明。在孟子所处的时代，天下体系已经进入激烈兼并的进程中，统一天下成为大国国君的追求，孟子以仁义说明了获得权威对于统一天下、治理天下的作用，观察到霸主缺乏领导力的关键，各国纷纷"以力假仁"而不成功，所以天下长期不能进入稳定的状态。

对于春秋战国时期诸侯国之间的征战不止，老子认为，诸侯国君主都有各自的欲望，不论是对物质还是地位和荣誉，只要这种欲望不被"道"所化解，就会产生混乱和冲突。老子认为，没有过分欲求的圣贤治理的国家才能实现安定。"小国寡民。使有什伯之器而不用；使民重死而不远徙；虽有舟舆，无所乘之；虽有甲兵，无所陈之；使民复结绳而用之。甘其食，美其服，安其居，乐其俗。邻国相望，鸡犬之声相闻，民至老死，不相往来。"[①]

老子的观点揭露了春秋至战国战乱不断的原因。即使是高度发展、等级森严的西周大一统体系也会因诸侯国君主的欲望而崩溃，春秋时期争霸行为的目的正是这个制度承载并告诉人们的利益，是等级地位和名分。制度的存在就意味着利益以及争夺利益的冲突。

第二节 国际规范退化机制研究成果

国内外学者在国际规范退化方面取得不少成果，主要有以下几种观点：

第一，规范竞争导致规范退化。这种观点认为，规范受到类似于自然选择

[①] 汤漳平、王朝华译注：《老子》，中华书局2014年版，第299页。

机制的作用，规范需要得到行为体的关注，与其他规范相协调，此外还需要具有良好的发展环境（比如权力或科技的支持），才能不断被传承。^① 规范生存与否取决于其吸引力的大小，不同规范都在为吸引更多行为体而竞争。那些能够吸引更多追随者的规范获得发展，不具备吸引力的规范则会衰亡。相互竞争的国家会模仿更为成功的国家所采纳的规范，^② 而那些被采纳较少的规范则会退化。

国际关系现实中的各种规范并非都是为自我生存而相互竞争的。规范没有施动性，参与竞争的是国家。某些规范反而正是因其产生意义、发挥作用而退化，崇尚暴力解决问题的规范造成世界大战，战争带来的灾难让人们反思，产生弃绝战争的反战规范和集体安全的制度安排。规范之间也会形成这样一种结构，即某些规范辅助一个核心规范，规范之间相互赋予意义。春秋时期的规范之所以退化，恰恰是因为某种规范对诸侯国而言具有强大的吸引力，因此其不择手段地为这种规范所定义的利益而竞争，竞争带来的负面效果最终导致这个规范不再具有吸引力。

第二，语言的建构作用导致规范退化。外国学者莱德·麦基翁提出，规范修正主义者会利用语言对规范发起挑战，他们通过发表演讲的形式挑战已有的规范，并把这种挑战合法化。之后，修正主义者会与规范捍卫者进行辩论。辩论可能会在大国国内、国际两条轨道产生，并最终在国际上造成已有规范的退化。^③ 这种观点从语言建构的视角理解规范，强调国家的施动性，具体分析哪些策略可以影响规范持有者的心理，以及通过哪些机制或机会可以改变规范。例如，美国在"9·11"事件后，利用民众对安全的需求和恐慌心理让他们放

---

① Ann Florini, "The Evolution of International Norms," International Studies Quarterly, Vol. 4, No. 3, 1996, p. 367, pp. 374 – 377.

② Ann Florini, "The Evolution of International Norms," International Studies Quarterly, Vol. 4, No. 3, 1996, pp. 377 – 380.

③ Ryder McKeown, "Norm Regress: US Revisionism and the Slow Death of the Torture Norm," International Relations, Vol. 23, No. 1, 2009. pp. 5 – 25.

弃某些规范，由此可见，政府或话语能力强大的利益集团掌握着使某个规范退化的能力和技巧。从全球来看，大国的示范效应和为世界定规则的引导能力成为决定规范退化的话语权力。

第三，博弈性质的变化导致规范退化。这种观点认为国家会在博弈中对成本、收益进行考量，从而选择是否放弃某个规范。某些国际规范存在这样的特点：遵守规范符合行为体的长远利益，但是存在违反规范以获取短期利益的行为。一旦国际体系中的某些因素发生变化，极大提高了违背规范的短期收益，国家会倾向于违背国际规范，甚至放弃国际规范。也就是说，在国家之间的博弈关系中，如果发生成本、收益的较大变化，相关国际规范的稳定性就会大打折扣。[1]

第四，国家属性的变化会导致旧国际规范的退化和新规范的产生。[2] 例如，有学者认为，一国国内权力结构的变化可能导致该国放弃某个国家身份，并放弃与该身份相关的国际规范。[3] 不同的政治力量派系有自己的规范偏好，因此，国内政治派系的权力对比决定了国家遵循或放弃哪种规范。

第五，大国的施动作用导致规范退化。有学者认为，国际体系中的领导国可以通过树立榜样、奖赏与惩罚等方式使小国遵从或放弃规范，促使规范演化。[4]

第六，国际规范自身的属性和国际环境中的条件对国家遵守或违背规范产生重要的影响，国家可以根据规范的属性和国际环境的条件来制定违反规范的具体策略，最大限度地减少违背规范的成本。国家长期规避规范会导致规范无

---

[1] 周方银：《国际规范的演化》，清华大学2006年博士学位论文，第127—129页。
[2] 徐进：《国家何以建构国际规范：一项研究议程》，《国际论坛》2007年第5期，第7—12页。
[3] 详见赵广成：《国际关系的退化机制分析：一项研究议程》，《世界经济与政治》2011年第1期，第99—121页。
[4] Yan Xuetong, "International Leadership and Norm Evolution," The Chinese Journal of International Politics, Vol. 4, No. 3, p. 237.

效化,继而导致规范退化。例如,有些国家运用偷换概念的方式把雇佣军说成是用于自卫的保安公司,从而违背了禁止使用雇佣军的相关规范,造成该规范的不断退化。[1]

以上研究从不同角度提出国际规范退化的机制,丰富了国际规范的研究议程。春秋时期规范退化的经验事实对国际制度瓦解和规范退化问题有重要的启示意义。不同于上述被研究的具体问题领域的规范(如禁止使用某种武器、违背国际贸易的某个具体规则、禁止虐囚等),春秋时期的诸侯国互动规范确立了诸侯国基本身份认同和基本互动方式,其退化和瓦解是长达上百年的国际体系整体演变的问题。现有规范退化的理论文献难以解释这种整体性规范退化的现象。

第三节 从历史中寻找新的研究路径

已有的研究成果为我们分析春秋时期的诸侯国互动提供了极有价值的理论观点和分析方法。通过分析春秋时期诸侯国之间的互动历史,我们可以从以下几个方面进一步深化对诸侯国合作规范退化问题的研究。

第一,在针对春秋体系瓦解的研究中,无论是历史学学者还是国际关系学学者,大多把权力分散导致冲突(分封导致冲突)升级作为最核心解释逻辑:天下层面的分封造成天子与诸侯疏远,诸侯国内部的分封导致贵族大家权力增长,他们与天子在关系上更为疏远。由于权力增长,贵族甚至士大夫有了挑战国君的实力,对君主实现了替代。这一切导致诸侯国之间在血缘关系上的亲近程度远逊于西周早期的状态,也促使挑战国君的军事条件越发成熟。

现有的分封制的研究路径存在重要疏漏,并设定了几个默认假设,即政治行为体之间天然存在冲突,关系越疏远意味着冲突越加剧:(1)诸侯国之间必

---

[1] Diana Panke and Ulrich Petersohn, "Why International Norms Disappear Sometimes," European Journal of International Relations, Vol. 18, No. 4, 2012, pp. 719–720.

然是冲突关系。(2) 分封造成天子与诸侯疏远、诸侯与贵族大家疏远,疏远则意味着冲突。(3) 分封造成权力下移是一个必然的过程。(4) 礼乐对政治参与者的教化功能和促进诸侯国之间合作的功能都无法正常发挥作用,因此无法有效应对分封制对诸侯体系的负面影响。这样的隐藏假定把认识分封制的视角从礼乐文明视角转变为权力视角。

对此,我们需要明确:分封会造成权力分散,但不代表权力分散一定导致诸侯国之间产生冲突。我们要考察"上"(霸主或大国)与"下"(小国)之间为什么没有理顺关系,为什么没有成功的制度创新来适应权力关系的变化? 儒家思想或西周政治话语对血缘宗亲关系的逻辑推理是这样的:通过分封,关系可能会越分越远,但不会越分仇恨越多。礼乐文化的教育功能正是教化人心,同时用制度和规则确定人与人之间的关系与利益的界限。

因此,对春秋诸侯国关系的研究不应当只局限于分封制,也应当研究是什么原因导致礼乐对人教化和约束的失败。

如果全面考察春秋时期的历史现实,我们会发现,不能预设诸侯国君主都是盲目追求权力的决策者,并以战争作为手段,当然也不能预设诸侯国有纯粹利他主义追求的假定。要尊重春秋初期各国大规模互助现象和大国以合作的方式争取领导地位的外交现象,研究怎样的互动机制导致各国不可避免地放弃了互助模式和追求领导地位的意愿。

我们要全面考察春秋历史的发展过程,承认春秋初期诸侯国体系的以下几个特点:诸侯各国继承了西周体系的礼乐文化且形成一个军事力量联合体,不论这个联合体的目的是抵抗"四夷"还是扩大治理范围。前者意味着诸侯国关系的高度社会化,后者意味着安全利益合作。正是得益于这种安全共同体,经过西周时期几百年的发展过程,华夏诸侯国实力得到极大扩展,周边夷狄的威胁也就越来越小。伴随着周王室权力的衰落和诸侯大国提供的公共产品越来越多,华夏诸侯各国呼唤着新的制度创建来协调新的权力关系。这是当时最为重要的影响诸侯国关系的历史事实,也是本书展开分析的逻辑起点之一。

第二，现有解释国际规范退化的理论聚焦现代国际规范退化案例，而春秋诸侯国体系与现代国际体系有不同的性质和内涵。通过对春秋诸侯国体系这一两千多年前非西方体系的深入研究，我们发现了现有理论解释力不足的地方，需要用新的理论成果来丰富相关研究。

新自由制度主义将国家假定为自私理性行为体，违背规范被解释为国家利益计算的结果。实际上，国家可能同时抱有多重利益认知。在重大的生死存亡关头，国家的利益计算不一定是机会主义选择，也可能是无奈之举。这不一定能够证明国家没有考虑遵守互助规范，对共同体和合作制度没有认同感。因此，在本章第二节梳理的研究成果中，有观点认为国家遵守规范符合行为体的长远利益，但是存在违反规范以获取短期利益的行为。① 这种逻辑是存在的，但春秋诸侯国体系的规范退化涉及多个方面、多个阶段，是一个复杂的、长期的过程，还需要我们发掘其他影响因素。

其一，正如之前分析过的，诸侯国之间的合作规范是体系层面的规范，诸侯大国认同这些规范，② 体系规范相比具体议题领域的规范更加难以退化。

与现代国际政治中具体议题领域的规范不同，③ 体系规范是支撑国际体系的核心原则。只有当大多数国家都被卷入一种导致规范退化的互动之中，规范的退化才可能发生。齐桓公存邢救卫、九合诸侯，晋文公通过城濮之战获取霸权等重大历史事件都是对体系规范的支持。体系规范具有"国际结构"的作用，有自我维护的动力，所以某些诸侯国破坏规范的行为，可能导致其他诸侯国对体系规范的维护行为。④ 因此，不是少数诸侯国通过具体情境下的利益计

---

① 周方银：《国际规范的演化》，清华大学 2006 年博士学位论文，第 127—129 页。
② 晋国建立的国际制度在建立之初包含了体系内除了楚国之外的三个大国：齐、秦、晋，以及齐、鲁、宋、蔡、郑、卫等其他主要国家。参见杨伯峻编著：《春秋左传注》，中华书局1990年版，第 450 页。
③ 如地区一体化问题中的协商一致规范和渐进发展规范，又如裁军领域的禁止小武器扩散的规范等。
④ Diana Panke, "Why Big States Cannot Do What They Want: International Courts and Compliance," International Politics, Vol. 47, No. 2, 2010, pp. 186–209.

算做出几次违背规范的决策，就能导致体系规范的长期退化。

其二，对手身份甚至敌人身份所涉及的规范易于退化，而春秋时期华夏诸侯的集体认同较强，相互认定为宗亲身份或君臣身份，是一个长期维持的安全共同体。现代国际关系研究中，最基本的研究起点是国家间关系平等或竞争，而不是亲密互助的伙伴关系。所关注的规范退化现象大多是竞争对手之间的规范，互动双方没有高度的集体身份，这导致他们易于以对手关系来看待规范、破坏规范，如对手国家之间就某种武器的控制和消减所持有的规范。春秋时期的规范退化呈现出层次性、阶段性、过程性的特征。现代国际关系研究中，某些观点认为社会性较高、具有集体身份的共同体或国际制度是趋向于合作的，社会化程度较低、没有集体身份的国际体系是趋向于冲突的。春秋历史显示出集体身份的互助共同体内也有冲突和竞争。冲突由于受规范的制约，呈现出一种逐渐激烈化、恶化的过程，伴随着这个过程的发展，其他由冲突引发的因素（比如制度内的不合作、回避提供公共产品导致制度的无效化）也会不断地破坏规范，最终导致规范退化。

春秋华夏诸侯国组成的安全共同体的特殊性在于，它既是互助共同体，也蕴含着重要的利益——名位（制度领导权）。各大国都参与了对霸主名位的争夺，并不择手段地选择了破坏合作规范、瓦解合作制度的竞争方式，小国也受大国的胁迫而卷入竞争之中。这种破坏性的竞争客观上使整个国际体系都陷入公共产品供应不足、大国间纷争不断、合作制度向强权制度转化、小国生存状态不断恶化等情况。这种情况虽然是各国不愿看到的，但又是不可避免且长期存在的，最终导致合作制度的崩溃与合作规范的退化。

第三章　合作规范的内容与意义

本章主要阐述以下三个问题：春秋诸侯国体系中存在哪些主要规范？其内涵和意义是什么？这些规范会对诸侯国间互动关系产生怎样的影响？通过对这三个问题的回答，可以确定诸侯国之间的主要互动关系以及在此之上建立的安全合作制度的性质，以确切的史实为后续章节解释规范退化和制度瓦解问题提供分析基础。

第一节　春秋时期主要国际互动规范

一、如何确定诸侯国间主要互动规范

西方国际关系学界大多没有将春秋和战国两个时期分开，并界定为不同意义的体系，明确用国际关系理论对春秋战国体系进行研究，套用近现代国家的基本概念和假定，从主权国家体系的思维去界定春秋诸侯国体系。通过对春秋战国的国际关系体系、日本幕府体系等非西方体系进行研究，为已有的国际关系理论提供解释案例，扩展现代国际关系理论解释的外延，同时也用这些时

间、地域跨度较大的案例为新理论概念的诞生提供现实支撑。①

用现代国际关系理论的标准去考察会发现,春秋时期存在一个以规范共享为基础的"国际社会"。②英国学者赫德利·布尔认为,"如果一群国家意识到它们具有共同利益和价值观念,从而组成一个社会,也就是说,这些国家认为它们相互之间的关系受到一组共同规则的制约,而且它们一起构建共同的制度,那么国家社会(或国际社会)就出现了"。③春秋时期,主要诸侯国认同周王朝确立的一些规范和价值观念,并以此为基础维持安全合作制度的运转。

除了符合国际关系理论关于国际体系和国际社会的基本假定外,春秋时期的诸侯国体系更是一个以血缘关系和家族关系为核心,并以此衍生出安全合作规则的军事合作体系,也可被认为是一个从周王朝退化而来的诸侯国间的"小社会"。从这个角度看,其社会关系的紧密性和内涵远超过布尔提出的国际社会的规则和价值观标准。

本书认为春秋时期存在以下三个主要的诸侯国合作规范:规范一,宗亲之间互助。《左传·僖公二十四年》记载:"扞御侮者,莫如亲亲,故以亲屏周。"④各国之间是宗亲关系或宗亲关系衍生出来的互助关系,应相互帮助而不是相互伤害。规范二,各国共同应对外部威胁。规范三,诸侯之间尊卑有序,并以此确立相互之间的权利与责任。这三个规范不仅保证了布尔提出的国际社会的基础——"对使用武力的限制、保证承诺的遵守和财产所有权的稳定性",⑤而且确定了共享这些规范的诸侯国的集体认同感,激发其努力维护安全

---

① Erik Ringmar, "Performing International Systems: Two East Asian Alternatives to the Westphalian Order," International Organization, Vol. 66, No. 1, 2012, pp. 1–25.
② 春秋时期"国际社会"的成员不仅包括国内社会文化符合西周文化的华夏各国,也包括接受了下文所提到的三个规范的其他诸侯国。
③ [英]赫德利·布尔著,张小明译:《无政府社会:世界政治秩序研究》,世界知识出版社2003年版,第13—14页。
④ 杨伯峻编著:《春秋左传注》,中华书局1990年版,第425页。
⑤ [英]赫德利·布尔著,张小明译:《无政府社会:世界政治秩序研究》,世界知识出版社2003年版,第5页。

共同体，最终以该共同体为核心构建了春秋时期外延更为广泛（吸纳愿意接受合作规范的新成员）的安全合作制度。

为什么以上三个规范被确定为春秋时期的主导规范？依据本书之前提出的春秋诸侯国体系研究方法的具体要求，首先，这些弥散性的、整体主义的规范是这个时代大到天下体系、小到贵族家庭中都存在的支撑性规范。兄弟互助关系、长幼权威关系是这个时代的文化，存在于政治家的内心。其次，这些规范具有合作的功能性，是西周体系生存和扩展的依靠，西周到春秋的华夏诸侯国依靠这些规范建设了东亚大陆最为强大的安全共同体。最后，主要大国的行为逻辑，无论是利用这些规范获得名位还是真心维护这些规范，无论是寻求发动战争的理由还是对结束战争提供的解释，都需要依据这些规范和承载这些规范的礼乐实践来获得合法性。

根据温特关于国际体系结构与体系文化的观点，体系文化决定了主要行为体的身份认知。行为体之间的互动关系、利益关系都由行为体的身份关系决定。[①] 体系文化是由确定行为体之间主要身份认同的规范定义的，包括朋友之间的康德文化、敌人之间的霍布斯文化，以及允许彼此生存的洛克文化。

宗亲之间互助、共同应对外部威胁、诸侯之间尊卑有序这三条规范赋予了诸侯国体系内主要国家"宗亲兄弟"的身份，并以此为核心构建了安全共同体。这种共同体身份，以及这种身份下的互动原则成为影响春秋诸侯国关系的核心因素之一。

二、主要规范的内涵

第一，让我们分析一下华夏诸侯国安全共同体的构成，以此理解主要规范的内涵。最核心的部分是西周初年分封的姬姓诸侯国。从富辰谏周襄王的话语

---

① ［美］亚历山大·温特著，秦亚青译：《国际政治的社会理论》，上海人民出版社2001年版，第318—387页。

里可以清晰地发现宗亲诸侯国包含的范围:"臣闻之,大上以德抚民,其次亲亲,以相及也。昔周公吊二叔之不咸,故封建亲戚以蕃屏周。管、蔡、郕、霍、鲁、卫、毛、聃、郜、雍、曹、滕、毕、原、酆、郇,文之昭也。邢、晋、应、韩,武之穆也。凡、蒋、邢、茅、胙、祭,周公之胤也。"[①] 周王室分封宗族以建立国家,各诸侯国通过血缘关系的亲近而得到权力。通常,封地距离周天子越近,与天子的关系越亲密,得到的信任越多,越被期望以军事力量保卫周王室——"故封建亲戚以蕃屏周"。这些诸侯国构成华夏诸侯国共同体的主干。

其他分封国成为共同体的重要组成部分,它们经常参与共同体的互动,承担互助责任。宋国、齐国都不是姬姓国家,齐国通过周武王的分封和周成王的策命而成为共同体内具有较高地位的成员:"及成王少时,管蔡作乱,淮夷畔周,乃使召康公命太公曰:'东至海,西至河,南至穆陵,北至无棣,五侯九伯,实得征之。'齐由此得征伐,为大国,都营丘。"[②] 齐国是异姓诸侯国中比较典型的代表。从地缘政治的角度看,姬姓诸侯国家距离周王室的王畿较近,土地肥沃、人口数量多,外围还有异姓诸侯国家保护。异姓诸侯被封在周体系的边缘,面临的敌人强大,存在生死存亡的军事压力,需要不断发展强大的军事力量来应对。

诸侯国在周初分封时所确立的地缘关系,反映了姬姓诸侯血缘关系的亲近程度。血缘越亲近,得到的周王室的恩惠就越多。此外,异姓诸侯也能够被委以重任,齐国成为更高地位的诸侯国,获得"五侯九伯,实得征之"的权力,既依赖于周王权威和军事力量的背书,也要求自己具有强大的军事力量,能够应对"管蔡之乱"这样的安全问题。

宋国作为商的后裔,也通过西周初年分封成为共同体的重要成员:"武王

---

① 杨伯峻编著:《春秋左传注》,中华书局1990年版,第420—423页。
② [汉] 司马迁:《史记》,中华书局2013年版,第1785页。

封纣子武庚禄父以续殷祀,使管叔、蔡叔傅相之。"① "武王崩,成王少,周公旦代行政当国。管、蔡疑之,乃与武庚作乱,欲袭成王、周公。周公既承成王命诛武庚,杀管叔,放蔡叔,乃命微子开代殷后,奉其先祀,作《微子之命》以申之,国于宋。"②

周王室也分封了不少其他异姓国家:"武王追思先圣王,乃褒封神农之后于焦,黄帝之后于祝,帝尧之后于蓟,帝舜之后于陈,大禹之后于杞。"③ 这些国家由于不是姬姓国家,内化华夏文化较少,能够参与共同体内部的合作。虽然这些诸侯国不具有宗亲身份,但也要遵循互助、共御外敌的规范,成为共同体内的"边缘"成员。随着时间的发展和各国影响力的消长,共同体的核心成员也在不断变化。姬姓诸侯国和其他华夏诸侯国对于共同身份的认知清晰而牢固,这种身份认知不仅是君主、贵族特有的,平民、百姓也牢固确立了自己对本国身份的认同。最典型的例子是,城濮之战前,顺服于楚国的卫国看到晋国崛起,想要转而顺服于晋国,于是请求与晋国结盟,晋国表示不同意。卫成公想再次亲近楚国,遭到国内民众强烈反对,民众把卫成公赶出卫国来向晋国示好,卫成公被迫逃出卫国。④

通过分析我们可以发现,华夏诸侯国合作制度既包括姬姓诸侯国,也包括异姓诸侯国。凡是遵循周王室礼乐规范且有共同文化认同的,都可以加入华夏诸侯国共同体,这里的华夏诸侯国可以保留自己宗族的文化特征。因此,相比宗亲血缘,"华夏"是开放性合作的礼乐规范体系,但兄弟互助、尊卑有序、共御外敌成为华夏诸侯国共同体的核心规范。即使是异姓诸侯,只要能有助于安全合作,同样可以成为齐国那样的领袖,获得更多治理权威和身份认同。

---

① [汉] 司马迁:《史记》,中华书局 2013 年版,第 1935 页。
② [汉] 司马迁:《史记》,中华书局 2013 年版,第 1946 页。
③ [汉] 司马迁:《史记》,中华书局 2013 年版,第 163 页。
④ 杨伯峻编著:《春秋左传注》,中华书局 1990 年版,第 452 页。

第二，我们需要从历史文本中解释主要规范，以此明晰华夏诸侯国的责任和身份。

宗亲兄弟规范的第一个意义是亲密、互助，并由此衍生出第二个意义"共御外敌"，这样就把"兄弟"诸侯国与其他各国划分开来了。富辰谏周襄王中提出："召穆公思周德之不类，故纠合宗族于成周而作诗，曰：'常棣之华，鄂不韡韡。凡今之人，莫如兄弟。'其四章曰：'兄弟阋于墙，外御其侮。'如是，则兄弟虽有小忿，不废懿亲。今天子不忍小忿以弃郑亲，其若之何？庸勋、亲亲、暱近、尊贤，德之大者也。即聋、从昧、与顽、用嚚，奸之大者也……周之有懿德也，犹曰'莫如兄弟'，故封建之。其怀柔天下也，犹惧有外侮；扞御侮者，莫如亲亲，故以亲屏周。"[①] 兄弟关系出自家庭伦理关系。姬姓各国君主之间的关系以及各国与周天子的关系是由兄弟、父兄的家庭伦理关系、血缘关系衍生而来的。随着时间的发展，血缘关系渐渐淡化，但以行"礼"（互动仪式）反复加强的伦理规范得到一定程度的继承。富辰所谓的"凡今之人，莫如兄弟"，正是家庭关系中的核心准则：亲人之间相互亲近、和睦、互助。而分封姬姓诸国"封建亲戚以蕃屏周""兄弟阋于墙，外御其侮"，正是家庭关系中兄弟互助、共御外敌的道德责任，也是兄弟诸侯间相互关系的基本认知。由此，前两个规范"各国之间是兄弟关系、应相互帮助而不是相互伤害"与"各国共御外敌"构建了一个兄弟国家的认同圈。同时，只要愿意遵循互助规范，华夏诸侯国外围的"边缘国家"也可以加入这个共同体，尽管其在共同体内可能处于较低的地位。

兄弟关系的第三个意义是长幼有序。家庭关系中，父子之间、兄弟之间绝不是平等关系，而是一种相对的等级关系。这在春秋时期体现为尊卑有序的规范，该规范继承于西周体系，是其运转的重要原则。尊卑有序的规范要求各国以周天子为尊，勤于辅佐周王，各诸侯国之间也应当有先后次序、相亲相敬。

[①] 杨伯峻编著：《春秋左传注》，中华书局1990年版，第423—425页。

该规范既是周王室与姬姓诸侯之间家庭伦理关系的体现，也是西周对"天下"进行统治的需要。

《尚书·康王之诰》就记载了周康王对诸侯国的要求："王若曰：'庶邦侯、甸、男、卫，惟予一人钊报诰。昔君文、武丕平，富不务咎，厎至齐信，用昭明于天下，则亦有熊罴之士、不二心之臣保乂王家，用端命于上帝皇天，用训厥道，付畀四方，乃命建侯树屏，在我后之人。今予一二伯父，尚胥暨顾，绥尔先公之臣服于先王。虽尔身在外，乃心罔不在王室，用奉恤厥若，无遗鞠子羞。'"① 这段文字指出周天子受命于天，分封诸侯保护周王室，各国要辅佐王室，强调周王室与各诸侯国之间的从属关系。《尚书·多方》也记载了周公旦对各诸侯国君主的训诫，要求他们继续服从周王，为周王提供徭役、供奉等经济需要，保持相互和睦的关系，维护各自家庭的和谐："猷告尔有方多士暨殷多士，今尔奔走臣我监五祀，越惟有胥伯小大多正，尔罔不克臬。自作不知，尔惟和哉！尔室不睦，尔惟和哉！"② 《尚书·康诰》记载了周公旦分封康叔于卫国时告诫他要维护父子、兄弟间的伦理关系："封，元恶大憝，矧惟不孝不友。子弗祗服厥父事，大伤厥考心；于父不能字厥子，乃疾厥子；于弟弗念天显，乃弗克恭厥兄，兄亦不念鞠子哀，大不友于弟，惟吊兹，不于我政人得罪，天惟与我民彝大泯乱。"③

通过对尊卑有序规范的实践，诸侯国有责任维护周天子的安全和权威，并提供经济支持，周天子确立了对诸侯各国发号施令的合法性，这一切都使周王的统治达到一种稳定的状态。尊卑有序的规范在春秋时期得到很大程度的继承，各国不但在共同体中延续尊卑有序，并将规范作为"国际制度"中权利、责任分配的核心标准。

在诸侯国之间，何为"尊"，何为"卑"呢？各国一般按照西周初年分封

---

① 何晋：《尚书新注》，中华书局2022年版，第510页。
② 何晋：《尚书新注》，中华书局2022年版，第454页。
③ 何晋：《尚书新注》，中华书局2022年版，第348页。

的排序来确定尊卑。据《礼记·王制》记载："王者之制禄爵，公、侯、伯、子、男，凡五等。诸侯之上大夫卿、下大夫、上士、中士、下士，凡五等。天子之田方千里，公侯田方百里，伯七十里，子男五十里。不能五十里者，不合于天子，附于诸侯曰附庸。天子之三公之田视公侯，天子之卿视伯，天子之大夫视子男，天子之元士视附庸。"①鲁成公三年（公元前588年），在晋国、卫国使者到鲁聘问时，鲁国臧宣叔说："次国之上卿，当大国之中，中当其下，下当其上大夫。小国之上卿，当大国之下卿，中当其上大夫，下当其下大夫。上下如是，古之制也。卫在晋，不得为次国。"②从这段记载中可以看出，各国对西周时期遗留的爵位、等级安排有十分明确的认知，不但诸侯国之间有排序，各国的官员之间也有明确的排序。根据排序，卫国相比晋国，连次国都算不上，只相当于小国。各国对排序的先后十分重视，甚至会为争夺排序位置发动战争。鲁桓公六年（公元前706年），戎军攻打齐国，各国出动军队救援齐国。在打败戎军之后，各国推举鲁国来确定各国军队的先后次序，结果鲁国把郑国排在了后面。鲁国按照的是在西周初年分封时的次序。郑国对此非常不满，认为自己在作战中贡献最多。后来，郑国发动了对鲁国的报复性战争。③

春秋初期，在有序合作的情况下，已经出现对名位的竞争，包括郑国以战争立威的行为。此时提供公共产品的成本与名位收获相比，名位的领导力、权威是很有吸引力的。除了明确的典章制度的安排外，周王可能确立某个大国来辅助他管理各国，该大国的地位就相对为尊。但春秋时期，地位竞争也成为战争的原因。郑国和齐国都因追逐名位而发动了战争。这两次争霸战争中，郑庄公没有遵循规范，与周天子争夺对各国的权威，因此郑国的霸权没有真正建立

---

① ［汉］郑玄注，［唐］孔颖达疏：《十三经注疏·礼记正义》，北京大学出版社1999年版，第330—332页。
② 杨伯峻编著：《春秋左传注》，中华书局1990年版，第814—815页。
③ 杨伯峻编著：《春秋左传注》，中华书局1990年版，第113、128页。

起来。齐桓公通过维护规范的一系列战争得到霸主地位。

这两个典型案例体现出,诸侯国体系的稳定既需要相关激励机制,也需要惩罚违规者的机制。春秋初期,这个机制被齐国的内生性战争力量的增长替代了,即齐国强大起来以后,通过"尊王攘夷"实现了体系秩序的恢复。之后,齐国并没有创建新制度来使几个主要国家维持稳定的合作,其衰落后,诸侯各国陷入相互攻伐的混乱中。

尊卑的区别导致各国在共同体内地位的巨大差异。处于尊位的国家可以享受很多社会性的利益,甚至特权。尊卑之间的差别可以从各国君主所用的器物、相互朝聘时的礼仪中得以显现:"命者,其君正爵命之于朝。其宫室、车旗、衣服、礼义,各如其命数,皆以卿礼书于经。卫之于晋,不得比次国,则邾、莒、杞、鄫之属,固以微矣。此等诸国,当时附随大国,不得列于会者甚众。及其得列,上不能自通于天子,下无暇于备礼成制。"① 在这段记载中,我们发现邾、莒、杞、鄫这些小国在共同体内话语权很低,有的甚至不能参加共同体的会议。在尊卑有序规范的影响下,地位更高的诸侯国获得对共同体的控制力和身份地位的满足。

第三,尊卑有序规范使诸侯国体系等级化,但我们主要考察的三个规范仍可以用现代国际制度理论来研究,虽然这些理论以国际法法理层面平等的主权国家体系为主要研究内容。

有学者指出:"如果我们把从西周到春秋时期诸侯之间的关系理解为一种国际关系形态的话,那么它在某种意义上可以说是一种等级体系,并在此基础上形成一种等级秩序。"② "春秋时期这些新兴的独立国家,虽然其形态还比较原始,与现代国家无法相比,但已经具备近代国家的基本内容,与欧洲1648

---

① 参见[晋]杜预注,[唐]孔颖达正义:《十三经注疏·春秋左传正义》,北京大学出版社1999年版,第686—687页。
② 周方银:《松散等级体系下的合法性崛起——春秋时期"尊王"争霸策略分析》,《世界经济与政治》2012年第6期,第5—34页。

年签订《威斯特伐利亚和约》后产生的近代独立主权国家相比，只有发展程度的高低，而没有本质的区别。"① 这些国家满足了近代国家的三个重要属性：有大体界限分明的领土，有大体固定的国民，有能对内对外行使独立主权的国家权力机构。② 春秋时期诸侯国类似近代国家的相关属性也为三条规范确立了内涵和界限，虽然各国地位和权威有差异，相互之间有互助责任，但也是独立决策、追求生存的政治行为体。

春秋各国在本国领土内拥有绝对主权，他国军队未经通知而进入本国被认为是威胁到本国存亡的重大事件。③ 各国为了土地的归属频繁发动战争。各国对于国内财政、军事、领导人更替享有决定权：各国君主的任命基本由上一代君主指定，而像周夷王烹杀齐哀公、周宣王立鲁懿公和鲁孝公的事情，④ 自春秋时期开始再也没有发生过。春秋时期，周王室已经下降到普通"国家"的层次，其生存还需要借助其他诸侯国的帮助来保障，王子颓之乱、王子带之乱等数次危机都是通过诸侯国的军事干预才得以解决。各国拥有自己军队的绝对控制权。郑国为了争夺霸主地位甚至对东周开战。"春秋时期的国家拥有对外政策上排他性的权利，包括对外宣战权、外交代表权、签订国际条约的权利。"⑤ 在财政上，"周天子只能收取各诸侯国的职贡，但无权对各国征收税赋，各国税赋均归各国，周天子的财政来自于直接统治和治理的王畿，以及诸侯及四方的纳贡"。⑥ 秦、楚、越、吴等边缘国家的崛起和扩张更是将国际体系文化异

---

① 叶自成：《中国外交的起源——试论春秋时期周王室和诸侯国的性质》，《国际政治研究》2005 年第 1 期，第 20 页。
② 杨伯峻编著：《春秋左传注》，中华书局 1990 年版，第 20—21 页。
③ 楚国宣称的军队通过宋国领土不需事先向宋国提出申请的言论被宋国认为是灭亡宋国的行为。详见《左传·宣公十四年》，杨伯峻编著：《春秋左传注》，中华书局 1990 年版，第 755 页。
④ [汉] 司马迁：《史记》，中华书局 2013 年版，第 1786、1838、1839 页。
⑤ Yongjin Zhang, "System, Empire and State in Chinese International Relations," Review of International Studies, Vol. 27, No. 5, 2001, p. 47.
⑥ 叶自成：《中国外交的起源——试论春秋时期周王室和诸侯国的性质》，《国际政治研究》2005 年第 1 期，第 10 页。

质化，这些诸侯国受西周文化的影响较小，但军事实力和领土不断扩张，其中只有秦国与周王室合作较多，楚国、吴国、越国甚至很少按照合作规范互动。

综上所述，春秋诸侯国体系的三个主要规范是华夏各国之间互助、各国共同应对外部威胁和诸侯之间尊卑有序。这些规范划定了一个认同圈，建立了以宗亲逻辑为核心的共同体。该共同体以姬姓诸侯国和部分原西周分封诸侯国为主体，接纳认同合作规范的其他各国，并要求共同体内各国相互帮助、共御外敌。共同体内的各国有明确的尊卑意识，形成一个等级化的名位区分，但春秋诸侯国体系具有主权国家体系的核心要素，等级性是相对的，且随着各国之间不断升级的冲突而淡化。三个规范的确对各国的身份认同产生了重要影响，但是这些华夏诸侯国在当时东亚大陆的权力结构中占有多大比重？在什么情况下各国会违背合作规范？必须明确这些问题的答案，知晓规范的传播范围、内化程度，才能从经验史实的角度确定这些规范对春秋国际体系的具体影响方式。

第二节　规范的作用和影响

一、主要诸侯国支持合作规范，战争受到抑制

如果我们要确定一个或一组规范为体系内的核心规范，内化或认同规范的国家必须在当时国际体系中占据主导地位，也就是说体系内大多数权力强国需要内化、最起码是认同这些规范。体系内强国需要在一个较长的历史时段内反复明确表达对这些规范的认同，他们的互动需要被这些规范所影响。对于支撑体系架构的核心规范——礼乐仪式，筛选标准除了"是否对行为体的身份具有建构作用"外，还需要确定其维护体系运转的功能。因此，对于体系内三个主要规范，还需要检验其效力大小和产生作用的方式。

确定规范的效力大小即是分析这三个规范在什么条件下可能被违背：什么

原因导致诸侯国出现违背规范的现象，被遵守的条件和原因又是什么。特别要检验这三个规范在缺乏惩罚机制的多级权力环境中（诸侯国行为受到较少的制度和权力结构约束时）对各国互动关系的影响方式和程度。这是研究"国际制度"的建立方式、以违背规范为特征的利益竞争等理论问题的理想前提，排除了主要干预变量。

上述三个规范深刻地影响了春秋时期的诸侯国互动。从时间维度来看，自周平王元年（公元前770年）至公元前476年春秋时期结束，仅根据上述三个规范所建立的合作制度就存续了171年之久。这171年包括两个时间段：一个是从公元前678年齐国建立以自己为中心的合作制度到公年前643年该制度瓦解，另一个是公元前632年晋国在践土之盟上称霸至公元前496年齐、宋、鲁、卫、郑联合反晋导致该合作瓦解。从权力维度上看，春秋时期的这两次长期合作囊括了当时体系内大多数强国，并强烈影响着这些国家的互动行为。

参加齐国主导的合作的诸侯国主要有周、齐、鲁、宋、卫、郑、陈、许、曹等国。[①] 秦国和晋国虽然未能参与，但认同上述规范，[②] 甚至楚国在面对齐桓公的讨伐时，也暂时表示放弃直接反对规范。

齐国主导合作制度期间，惩罚发生冲突的诸侯国、抵御外部攻击、维护尊卑关系。如公元前679年，对于此前郑国入侵宋国的行为，齐国联合卫国、宋

[①] 杨伯峻编著：《春秋左传注》，中华书局1990年版，第301、320页。
[②] 晋国在加入齐国主导的合作制度时受到周王室的干预，因此没有深入参与。周王室作为共同体的象征性代表，希望维持自己的地位，曾暗中破坏齐国对共同体的领导权，要求郑国、晋国脱离齐国的领导。秦国具备参与合作制度的身份和意愿。首先，秦国因帮助周王室而于春秋初年被封为诸侯，之后一直拥戴周王室并与之合作。其次，秦国多次军事援助周天子，表现出对尊卑有序规范的认同。鲁僖公九年（公元前651年），秦国与齐国合作送晋惠公回国；鄢陵之战时，秦国加入晋、齐为首的华夏诸侯国的盟军；温地会盟时，秦国加入晋国领导的合作制度。这些史料都表明秦国基本认同相互合作、共御外敌、尊卑有序的规范。参见杨伯峻编著：《春秋左传注》，中华书局1990年版，第102、306、327—328、338—339、431页。

国进攻郑国以施加惩罚。① 面对"四夷"对制度内诸侯国的频繁入侵,齐国保护被狄人攻击的邢国,恢复被狄人灭掉的卫国,阻止楚国对原西周分封国的吞并。② 在尊卑有序规范的指导下,齐国多次帮助周王室。公元前666年,齐国应周王室的要求讨伐卫国,因为卫国此前曾支持王子颓对周天子的叛乱。③

晋国主导的合作制度通过公元前632年践土之盟建立,晋、齐、鲁、宋、蔡、郑、卫、陈、郑、莒、杞、鄫、小邾等国参加。该制度一直持续到公元前496年反晋集团形成,长达136年。秦国于公元前632年温地会盟时加入该制度,使认同该制度的诸侯国军事力量的总和非常强大,占当时权力结构的主导地位,秦、齐、晋、楚四个大国中只有楚国在实际行为上不认同该制度。华夏诸侯国的核心规范被一再推崇,这一点从各国多次会盟的誓词和互动关系中可以验证。

公元前632年,各国在践土盟誓"皆奖王室,无相害也!"④。公元前562年,各国在亳地盟誓"救灾患,恤祸乱,同好恶,奖王室"。⑤ 公元前512年,郑国向晋国阐释尊卑有序的意义:"礼就是小国侍奉大国,大国帮助小国。侍奉大国在于执行其命令,帮助小国在于体恤其困难。"⑥ 类似对各国责任的宣示性盟誓在春秋历史的重大外交场合中反复出现。

在互动关系上,晋国主导的合作制度一直试图维护互助、共御外敌、尊卑有序的规范。例如,面对楚国频繁进攻宋、郑等国,晋国多次领导华夏各国救援。晋国还发动鄢陵之战、邲之战两次大战以遏制楚国的扩张。在对待尊卑有序这一规范上,晋国尊周王为各国名义上的领导者,维护周天子的象征地位。例如,公元前578年,晋国与齐、宋、卫、郑、曹、邾、滕几国朝见周王,之

---

① 杨伯峻编著:《春秋左传注》,中华书局1990年版,第200—202页。
② 杨伯峻编著:《春秋左传注》,中华书局1990年版,第256、266、288—293页。
③ 杨伯峻编著:《春秋左传注》,中华书局1990年版,第237页。
④ 杨伯峻编著:《春秋左传注》,中华书局1990年版,第466页。
⑤ 杨伯峻编著:《春秋左传注》,中华书局1990年版,第989—990页。
⑥ 杨伯峻编著:《春秋左传注》,中华书局1990年版,第1506页。

后同周王的代表一起伐秦。① 公元前520年，王子朝叛乱，晋国出兵帮助周王室平叛。②

二、合作规范在多极权力环境中效力不足

在缺乏霸主来领导合作的环境中，各主要诸侯国对三个规范的遵守程度如何？这三个规范是否是后来齐、晋等霸主国依靠权力强制推行的，把礼乐作为霸权的合法性工具而已？

回答上述研究问题，需要把春秋诸侯国体系的权力分配格局界定为多极格局，这种条件下，虽然存在合作规范，但缺乏一个严密的、运转正常的惩罚违背行为的机制，诸侯国违背规范的成本较低，这使我们易于考察规范被内化的状况和有效程度。春秋初期（公元前770年周平王继位至公元前678年），体系内缺乏稳定、有效的安全合作。这给了我们一个更全面考察规范内化程度和效力的环境。

首先，西周大一统体系随着平王东迁而崩溃，东周的生存和政权稳定需要秦、郑等国来维护，而周郑交质、郑国以武力打败周国的现象反映出周王室对体系已经失去实际统治。

其次，春秋初期，各主要诸侯国之间实力差距相对较小，体系处于多极状态，还没有诸侯国凭借强权建立霸权制度，缺乏强有力的领导者和严格维护规范的机制。

在这一时期，各国的互动方式依然受到三个主要规范的强烈影响，鲁、齐、晋、卫、宋、陈、郑、秦等国有一定的共同体意识。由于其他因素的作用，规范不一定被完全遵守，诸侯国间仍然有较多暴力冲突，而冲突的性质和形式受到规范的强烈抑制。需要分析各国对上述三条规范的违背与遵守行为，以此来确定各国对其认知状况和内化程度，这些分析也有助于理解霸主领导制

---

① 杨伯峻编著：《春秋左传注》，中华书局1990年版，第859—866页。
② 杨伯峻编著：《春秋左传注》，中华书局1990年版，第1435—1441页。

制度内竞争与春秋时期国际规范退化

度的建立环境、方式以及制度建立后违背规范的可能性。

第一条规范——诸侯国应当相互帮助而不是相互冲突。在春秋初期就有不少违背规范行为，主要是因为各国为了获得物质利益和政治影响力而选择性干预他国内乱，甚至爆发武装冲突。

虽然各国内乱现象屡见不鲜，但对华夏诸侯国共同体来说，有责任帮助他国应对国内叛乱。实际情况是，各国一般采取有选择的干预，很多干预行为是为了获利而不是为了维护他国政权稳定，这导致干预国与被干预国之间出现频繁战乱。鲁桓公十二年（公元前700年），郑厉公在宋国的支持下成为郑国国君。鲁桓公十三年（公元前699年），宋国要求郑厉公给予大量经济回报，郑国拒绝并联合纪国、鲁国对齐国、宋国、卫国、燕国开战。鲁桓公十四年（公元前698年），宋国又因此事联合齐国、蔡国、卫国、陈国攻击郑国。① 又如鲁庄公九年（公元前685年），齐襄公死后，齐国出现没有君王的时期，鲁国支持公子纠回国继位，并因此与齐国开战。② 对于"兄弟国家"政权被颠覆的现象，如果不涉及本国的直接利益，各国很可能选择漠视，甚至接受贿赂，承认由叛乱产生的新君主。鲁桓公二年（公元前710年），宋国华父督弑杀宋殇公，由于接受了华父督的贿赂，并且华父督倾向于改善宋郑之间的关系，鲁国、齐国、陈国、郑国非但没有干预，反而承认了华父督所立的公子冯。③

除了应有的相互援助经常出现缺失外，华夏各国为了获得土地和政治影响力，彼此之间也会爆发战争。鲁隐公五年（公元前718年），卫国入侵郕国，因为此前卫国内乱时郕国入侵卫国。④ 鲁庄公八年（公元前686年），齐国联合鲁国攻打郕国，郕国向齐国投降。⑤ 鲁隐公六年（公元前717年），郑国侵袭陈

---

① 杨伯峻编著：《春秋左传注》，中华书局1990年版，第138、139页。
② 杨伯峻编著：《春秋左传注》，中华书局1990年版，第179页。
③ 杨伯峻编著：《春秋左传注》，中华书局1990年版，第85页。
④ 杨伯峻编著：《春秋左传注》，中华书局1990年版，第39页。
⑤ 杨伯峻编著：《春秋左传注》，中华书局1990年版，第172页。

国,获得大量财物,之后又要求与陈国媾和。①

共同体内的战争现象虽然比较常见,但战争的性质不是霍布斯式的生死斗争,而是有节制的,共同体的集体认同是限制战争形式的重要原因。宋国在鲁庄公十年(公元前684年)和十一年(公元前683年)两次对鲁国作战,鲁国在鲁庄公十一年(公元前683年)还对宋国遭遇严重水灾表示慰问,宋国以礼作答复。②鲁隐公十一年(公元前712年),郑国联合齐国、鲁国伐许。在取得许国土地的控制权后,齐国提出将许国的土地让与鲁国,鲁隐公认为击败许国后不需要占取许国土地,"君谓许不共,故从君讨之。许既伏其罪矣,虽君有命,寡人弗敢与闻",③于是把决定权让给郑国。最后,三国决定保留许国的领土完整。

春秋初期也出现不少遵循互助规范的维护行为,这类行为主要是由某个诸侯大国发起的,力图维护各国之间的友好关系,消除暴力冲突。作为周王室代表的郑国和实力较强的齐国扮演了"领袖"的角色:鲁隐公五年(公元前718年),宋国掠取邾国土地,郑国带领周王的军队与邾国一起伐宋。④鲁隐公八年(公元前715年),齐僖公通过努力,要求宋国、卫国与郑国之间停止战乱、达成媾和。⑤小国由于实力有限,难以扮演和平缔造者的角色,但小国发起的互助行为也是普遍存在的,例如鲁庄公十二年(公元前682年)宋国出现内乱,曹国帮助宋国平定了内乱。⑥

第二条规范——合作共御外敌。在春秋初期既有遵守行为,也不乏违背行为。首先,对于发生在中原地区"兄弟"国家与"四夷"之间的冲突,各国之间有不少相互援助的行为。鲁桓公六年(公元前706年),北戎攻打齐国,

---

① 杨伯峻编著:《春秋左传注》,中华书局1990年版,第49页。
② 杨伯峻编著:《春秋左传注》,中华书局1990年版,第183、186、187页。
③ 杨伯峻编著:《春秋左传注》,中华书局1990年版,第73—74页。
④ 杨伯峻编著:《春秋左传注》,中华书局1990年版,第47页。
⑤ 杨伯峻编著:《春秋左传注》,中华书局1990年版,第59页。
⑥ 杨伯峻编著:《春秋左传注》,中华书局1990年版,第191页。

郑国出兵救援,打败了戎军,把戎军的首级奉献给齐国。之后,各国军队到达齐国,帮助齐国防守边境,这是一次典型的互助、抵御外敌的行为。

对于长江流域的"蛮夷"侵犯,华夏诸侯国共同体基本处于漠视状态,这一阶段楚国在长江流域不断吞并西周所分封的诸侯国和其他小国:鲁桓公六年(公元前706年)和鲁桓公八年(公元前704年),楚国两次攻打随国(姬姓国家),并想离间随国和周边国家的关系。① 鲁桓公九年(公元前703年),楚国与巴国(西周分封国)打败邓国(西周分封国)。② 鲁庄公六年(公元前688年),楚国攻打申国(西周分封国)③,鲁庄公十六年(公元前678年)楚国灭亡邓国。④ 鲁庄公十年(公元前684年),息国(姬姓国家)引诱楚国打败蔡国(姬姓国家)。⑤

第三条规范——各国之间尊卑有序。在春秋初期被某些影响力较强的诸侯国所违背。郑庄公挑战周天子的权威是这一时期的标志性历史事件:郑武公、郑庄公都是周平王的卿士(秉周之政),周平王想让西虢公也担任卿士,制衡郑国的影响力。鲁隐公三年(公元前720年),郑国要求与周平王交换人质,保证郑国独享卿士之职,"王子狐为质于郑,郑公子忽为质于周"。⑥ 而等周平王死后,虢公开始担任周王卿士的职位,郑庄公对此极为不满,"四月,郑祭足帅师取温之麦。秋,又取成周之禾"。⑦ 面对郑国挑战周天子的行为,鲁隐公四年(公元前719年),宋国、陈国、蔡国、卫国讨伐郑国。同年秋天,各国

---

① 杨伯峻编著:《春秋左传注》,中华书局1990年版,第109、121页。
② 邓国是西周分封的异性诸侯,孟爵铭有"王令孟宁邓伯"之句,记述了周王派孟慰问邓国君之事。参见杨伯峻编著:《春秋左传注》中华书局1990年版,第124页。
③ 周宣王时,封王舅申伯于谢国故地。参见杨伯峻编著:《春秋左传注》,中华书局1990年版,第169页。
④ 杨伯峻编著:《春秋左传注》,中华书局1990年版,第169、170页。
⑤ 杨伯峻编著:《春秋左传注》,中华书局1990年版,第184页。
⑥ 杨伯峻编著:《春秋左传注》,中华书局1990年版,第26—27页。
⑦ 杨伯峻编著:《春秋左传注》,中华书局1990年版,第26—27页。

又出兵伐郑,"诸侯之师败郑徒兵,取其禾而还"。① 宋、陈、蔡、卫、鲁等国对宋国的报复行为反映了各国对于周王室还存在较多认同感,周王室是华夏诸侯国组成的共同体的象征,对周王室的侵害使各国的身份受到威胁和损害,也损害了各国所依赖的合作规范,是难以容忍的。

鲁桓公四年(公元前708年),面对郑国企图取代周王的地位,周桓王剥夺了郑庄公作为周王卿士的职位,郑庄公不再朝见,天子带领蔡国、虢国、卫国、陈国攻打郑国,结果被郑军打败,周桓王甚至肩部中箭负伤。郑国在军事上胜利之后,立即派人安抚周桓王,郑庄公说:"能保持国家存在就可以了,不要威逼天子。"②

一方面,郑国这种做法违背了尊卑有序的规范,试图从周王室那里争夺领袖地位和影响力。根据尊卑有序的规范,周王室是分封国家的管理者,对共同体内各国还是有一定影响力的。而郑国担任周王卿士,用挟天子以令诸侯的方法不断架空周王室的影响力。另一方面,郑国的很多做法又是在维护等级性规范,甚至企图用尊卑有序的规范来获得领袖地位,领导共同体内的诸侯国。鲁隐公九年(公元前714年),郑国宣称因为宋国不朝见周王,以周王之命讨伐宋国。次年,郑国联合鲁国、齐国进攻宋国,取得郜地和防地。③ 在对"战利品"郜地的处理问题上,郑国把从宋国取得的郜地给了鲁国,因为根据尊卑有序的规范,惩罚他国取得的土地应当给予参加讨伐国家中爵位最高的国家,鲁国的爵位高于郑国,从而得到郜地。④ 卫国、蔡国和郕国没有按照周王的命令伐宋,郑国与卫国、蔡国、宋国交战后,联合齐国讨伐郕国。⑤ 紧接着,郑

---

① 杨伯峻编著:《春秋左传注》,中华书局1990年版,第36—37页。
② 杨伯峻编著:《春秋左传注》,中华书局1990年版,第104—106页。
③ 杨伯峻编著:《春秋左传注》,中华书局1990年版,第65、67—69页。
④ 《左传·隐公十年》:"壬戌,公败宋师于菅。庚午,郑师入郜。辛未,归于我。君子谓郑庄公'于是乎可谓正矣,以王命讨不庭,不贪其土,以劳王爵,正之体也。'"参见杨伯峻编著:《春秋左传注》,中华书局1990年版,第68—69页。
⑤ 杨伯峻编著:《春秋左传注》,中华书局1990年版,第69—70页。

联合齐国、鲁国讨伐许国，在取得许国土地的控制权后，齐国提出将许国的土地让与鲁国，鲁隐公认为许国伏罪即可，不需要占取许国土地："君谓许不共，故从君讨之。许既伏其罪矣，虽君有命，寡人弗敢与闻。"于是将决定权让给郑国，① 郑国决定保留许国的领土。②

从郑国的讨伐行为、对"战利品"的分配可以看出，郑国不是为了土地或其他经济利益而频繁讨伐，而是在讨伐过程中强调尊卑有序的规范，强化各国之间的等级关系，企图作为周天子的卿士取得更高的地位而号令各国。由于郑国在军事力量上相比各主要诸侯国不具有绝对优势，而鲁国、齐国等与郑国处于相仿的地位，不会容忍郑国的称霸行为。因此，郑国与反对郑国称霸的诸侯国之间的对抗在春秋初期造成频繁的战乱，这些冲突又违背了友好互助的规范。例如，鲁桓公六年（公元前 706 年），鲁国在一次共同体合作中把郑国排在靠后的位置（鲁国按照周初分封时的地位进行排序），郑国因此于鲁桓公十年（公元前 702 年）攻打鲁国。

综上所述，虽然春秋初期缺乏维护规范的霸主国或有效的惩罚制度，三个主要规范依然对诸侯国间互动方式产生重要影响。

首先，虽然各国内化了规范，但在其他变量干预的情况下（比如物质利益诱惑），各国可能违背规范来追求物质利益，互助规范时常被违背。但由于互助规范和集体认同的影响，冲突有一定节制，极大缓解了安全困境。有学者提出："在春秋时期的等级体系中，大的诸侯的生存总体上具有较高的保障，特别是，中原诸侯对于什么是应有的行为方式有一种较为明晰和一致的预期，这对大国争霸的行为方式产生了较大的引导作用。这一方面在认知的意义上，使进攻现实主义关于'国家意图是不可知，从而国家会对其他国家的意图做最坏

---

① 杨伯峻编著：《春秋左传注》，中华书局 1990 年版，第 73—74 页。
② 《左传·隐公十一年》："君子谓郑庄公'于是乎有礼。礼，经国家，定社稷，序民人，利后嗣者也。许，无刑而伐之，服而舍之，度德而处之，量力而行之。相时而动，无累后人，可谓知礼矣。'"参见杨伯峻编著：《春秋左传注》，中华书局 1990 年版，第 76 页。

的打算'的假设失效,从而导致大国追求的并不是简单、直接、清晰界定的权力最大化或安全最大化。"①

其次,诸侯国间互助行为也大量存在。由大国发起的维护各国安全、抵御外敌的合作,证明了大国在追求更高的领导地位,也证明了共同体观念牢固存在。

最后,互助、抵御外敌与尊卑有序这三个规范之间本应形成统一的逻辑关系,即通过宗亲兄弟认同确立和平、合作关系,通过尊卑有序确立责任关系。但在春秋初期,尊卑有序的规范有时却会导致各国之间的冲突。周王室与郑国之间,既要维护尊卑有序使其他诸侯国跟从领导,又为了争夺领导权而发生战争。郑国试图确立霸主地位的过程也是郑国通过一系列战争迫使各国服从的过程。

春秋初期,各国违背规范、冲突频发的现象表明:以宗亲血缘为逻辑的共同体与近现代国际关系研究的安全共同体是不同的。春秋时期的诸侯国共同体内,各国经常以暴力冲突的形式互动,而共同体的身份认同相对"坚韧",能够继续长期维持。因此,各国促进合作与秩序的行为、惩罚违背规范的行为都可能通过冲突这一强迫的方式来实现,而不是通过和平、磋商的手段来实现,因为这是一个等级性诸侯国体系。但是,在安全共同体的建设中,非暴力是最核心的、不容违背的规范,是共同体建设的起点。现代国际体系中,安全共同体首先是国家间不使用武力解决争端,由于身份认同相对脆弱,制度建设需要长期塑造,这是一种自下而上的进化、升级。华夏安全共同体中,强迫和冲突虽然存在,但频繁而长期的冲突会慢慢消磨各国的身份认同,这是一种从高到低的"退化"现象。由于共同体合作规范的存在,军事力量崛起的诸侯国才有可能推动合作制度的建设,即便诸侯国之间爆发过军事冲突。这也显示出,在总体退化的进程中,合作规范有被制度化、再复兴的可能性,且有较为成功的

---

① 周方银:《松散等级体系下的合法性崛起——春秋时期"尊王"争霸策略分析》,《世界经济与政治》2012年第6期,第9页。

案例支撑。

春秋初期，华夏诸侯国共同体中，尊卑有序规范使周王室之外的各国较难推举出新的领导国。诸侯国合作与冲突并存的状态也为新制度的建立设置了障碍。各国都不愿看到新的领袖位于自己之上，这导致齐国、晋国必须通过暴力和安抚相结合、违背规范与维护规范并用的战略来建立以自己为中心的合作。这也表明，以霸主为中心的合作制度建立后，诸侯国之间的冲突仍然可能通过暴力手段解决，非暴力的管理从一开始就未成为合作制度的起点。

我们来分析一下齐国是如何建立以自己为中心的合作的。齐国除了用战争、威胁等强制性的手段惩罚违背规范的诸侯国，还惩罚不顺从自己的诸侯国，其自身的地位也通过威慑的手段不断提高。齐国的强制性手段是有针对性的，对于不归顺自己的小国，它积极使用武力，甚至将其吞并；对于不顺从自己的大国，齐国主要采取联合其他国家实施军事打击的手段。为了赋予自己使用武力的合法性，齐国还积极求取周王室的支持。

公元前 685 年，齐桓公继位，之后齐国就展开通过维护合作规范来称霸的过程。公元前 684 年，因为谭国没有参加齐国召集的会议，齐国灭了谭国。公元前 681 年，齐、宋、陈、蔡、邾在北杏会盟，商议如何平息宋国的内乱，因为遂国没有参加，齐国灭了遂国。北杏会盟之后，宋国违背了北杏盟约。第二年，齐、陈、曹三国出兵打宋国，同时齐国也请求周王出兵，以赋予军事惩罚的合法性，这也表明作为共同体象征性代表的周天子对于齐国领导地位的承认。于是，周天子派大夫单伯出兵，各国与宋国达成媾和后回国。公元前 680 年冬季，齐、宋、卫、郑与单伯会见，通过此次会见的仪式，宋国正式归服于齐国领导的华夏诸侯国共同体。

公元前 679 年，齐、宋、卫、陈、郑在鄄会盟，这次会盟代表着齐国霸主地位的正式确立。[①] 齐国在建立这个联盟之后，联盟是不稳定的，各国机会主

---

① 杨伯峻编著：《春秋左传注》，中华书局 1990 年版，第 184、194、195、199—200 页。

义式的相互攻击仍然存在。公元前679年鄄地会盟后,郑国乘各国进攻小郳国的时机,攻打宋国。公元前678年,宋、齐、卫立即讨伐郑国,对郑国施以报复。这一阶段,齐国不但要求各国遵守相互友好、合作的规范,还要求承认齐国的地位高于其他各国。公元前677年,因为郑国不去朝聘齐国,齐国囚禁了郑詹。[1]

---

[1] 杨伯峻编著:《春秋左传注》,中华书局1990年版,第200—205页。

第四章　诸侯争霸：安全合作与无序竞争

规范是制度的基石，在确定了春秋时期诸侯国之间的三个主要规范（各国相互帮助、共御外敌和尊卑有序）后，需要运用国际关系学中国际制度的相关理论分析华夏诸侯国合作困境的问题。我们需要分析春秋时期安全合作制度的内容、利益分配的困境和制度内竞争，发现诸侯大国之间权威争夺与无序竞争现象，揭示无序竞争导致规范退化、制度瓦解的逻辑，提出用于证实本书核心观点的假定和假设。

第一节　合作制度的主要内容

对于什么是国际制度，国际关系学中的新自由制度主义和建构主义提出了相对宽泛并被广泛接受的定义。罗伯特·基欧汉认为国际制度是"持续的、相互关联的正式与非正式规则，这些规则体系可以界定行为规范，制约国家活动，帮助国家的期望值趋同"。[1] 斯蒂芬·克拉斯纳认为国际制度是

---

[1] Keohane, "International Institutions and State Power," Princeton: Princeton University Press, 1986, p. 3.

"在国际关系的议题领域所形成的一系列隐含的或明确的原则、规范、规则以及决策程序"。[1] 建构主义认为国际制度在一定程度上是共有观念和规范的集合，共有观念和规范把参与制度的各国聚合在一起，赋予各国合作的意愿以及建立、维持制度的意义。国际制度一般由限制性规则（regulative rule）和构成性规则（constitutive rule）组成。限制性规则是用来限制已经存在的行动，关注国际制度如何服务于合作、保障合作。建构主义强调构成性规则，"构成性规则定义的是什么样的实践行为才能够构成某种有意识组织起来的社会活动"，[2] 它能够为行为体塑造新的利益，创建新的行动类别。[3] 在很多情况下，国家因共有观念和规范这种构成性规则而建立国际制度，实践合作行为。

春秋时期齐国、晋国建立并主导了合作制度。这些制度在很大程度上以各国共享的规范和共同体身份为建立和存在的基础。根据第三章对春秋体系中三个主要规范的分析，各诸侯国内化了上述规范，并拥有牢固的华夏国家共同体身份。制度存在的意义是继续维护共同体的存在，维护成员的利益。由此得知，诸侯国合作制度的核心属性是由建构主义强调的构成性规则所建构的。

在相对缺乏信任的洛克逻辑[4]中，国家之间从分离、分裂的状态走向一体化、制度化的过程，一般要通过严格的制度设计来确保稳定的物质收益，促进国家间沟通与合作，之后再重视制度的规范建设、共同体身份的建设，不断形成集体身份。春秋时期合作制度的建设起点是华夏诸侯强烈的共同体身份认同以及华夏文明的社会规范。在这种社会化程度较高的环境中产生的"国际制

---

[1] Stephen. D. Krasner, ed., "International Regimes," Ithaca, Cornell University Press, 1983, p. 1.
[2] [美] 彼得·卡赞斯坦、罗伯特·基欧汉、斯蒂芬·克拉斯纳编，秦亚青、苏长和、门洪华、魏玲译：《世界政治理论的探索与争鸣》，上海世纪出版社2006年版，第273页。
[3] [美] 彼得·卡赞斯坦、罗伯特·基欧汉、斯蒂芬·克拉斯纳编，秦亚青、苏长和、门洪华、魏玲译，《世界政治理论的探索与争鸣》，上海世纪出版社2006年版，第300页。
[4] 洛克逻辑是指国家间相互认同为竞争对手身份，允许对方生存，但相对缺乏信任。参见 [美] 亚历山大·温特著，秦亚青译：《国际政治的社会理论》，上海人民出版社2001年版，第143—167页。

度",少规则性、多规范性,少物质利益计算的理性设计、多观念利益和地位争夺的社会性互动,这些特点也反映出诸侯国体系的主要性质是规范性而不是规则性,构成性规则是制度存在的基础。

三个主要规范建构了春秋"国际制度"两个最核心的属性:共同体和霸权。互助和共御外敌两个规范建构了共同体性质。尊卑有序的规范主要建构了霸权性和相对的等级性。我们需要从春秋"国际制度"的基本原则、成员资格、权利和责任分配这几个方面分析制度的基本内容和以上两种核心属性。

一、制度的基本原则

春秋时期,齐国和晋国依托华夏诸侯各国成功建立了安全合作制度。一方面,各国之间加强安全合作,加强集体认同;另一方面,合作制度帮助各国减少外部威胁,应对"四夷"的进攻。这两个原则在各国会盟时被反复表达。例如,公元前632年,晋、齐、鲁、宋、蔡、郑、卫、莒盟于践土以建立制度,各国盟誓"皆奖王室,无相害也!"又如公元前562年,各国在亳地盟誓"救灾患,恤祸乱,同好恶,奖王室"。[1] 此外,由于其根源是宗亲互助的规范,而兄弟间的血缘情感又涉及各个方面,因此安全合作并非局限于军事行动,水旱灾害等天灾以及各国国内秩序稳定也是互助的内容。尊卑有序规范是制度的第三个原则,决定了诸侯国之间是追随与领导的关系,并采取霸主国领导其他各国的合作方式。霸主国对其他诸侯国应当"宥其罪戾,赦其过失,救其菑患,赏其德刑,教其不及",各诸侯国对待霸主国应当"说其罪戾,请其不足,行其政事,共其职贡,从其时命"。[2] 正如公元前512年,郑国向晋国阐释"尊卑有序"的意义:"礼就是小国侍奉大国,大国帮助小国。事奉大国在于执行其

---

[1] 杨伯峻编著:《春秋左传注》,中华书局1990年版,第449、463—467、985、989—990页。

[2] 杨伯峻编著:《春秋左传注》,中华书局1990年版,第1144—1145页。

命令，帮助小国在于体恤其困难。"[1]

二、加入合作制度的成员资格

华夏安全共同体以姬姓宗亲身份为基础，合作制度也包括认同华夏文化、遵守三个诸侯国互动规范的分封诸侯国。依据建构主义理论，身份是相互建构的，是主体间存在，国家很难主观否定自己的身份，共同体的集体身份在某种程度上也依赖于各国的个体身份而存在。诸侯国只要集体身份不丧失，就是共同体的一员，或者说就被认为是共同体的一员。如果这个国家想要脱离共同体，其他国家会对此做出反应，甚至强迫该国参与共同体活动。

春秋"国际制度"印证了上述观点，齐国是共同体的重要成员，在西周初期就已经确立了较高的地位和威望。晋国称霸期间，齐国试图以不参加会议和军事活动的方式脱离制度，或者说不承认晋国的领袖地位。晋国认为这代表着共同体的分裂，制度完整性受到破坏。为此，晋国采取军事手段对齐国的脱离行为施加惩罚。同样，郑、宋、陈这些地位相对较低的诸侯国也不能脱离合作制度。晋国称霸时期，上述诸侯国频繁被楚国攻打，被迫加入楚国的联盟。晋国又强迫这些诸侯国回到华夏诸侯国制度中来，为此频繁发动战争，以维护集体身份和"国际制度"的完整性。[2]

华夏诸侯国的安全合作制度也具有相对开放的性质。以姬姓国家和齐国这样的华夏诸侯国为主干，所有接受合作规范的诸侯国都可以进入该制度，只要愿意履行规范。三个主要规范适用于所有诸侯国，特别是相互帮助、抵御外敌的规范给小国带来安全庇护，受到很多小国的欢迎。因此，虽然某些诸侯国在制度内地位较低、享受的权利相对较少，但也加入制度之中。例如，莒、杞等

---

[1] 杨伯峻编著：《春秋左传注》，中华书局1990年版，第1506页。
[2] 例如鲁成公三年（公元前588年）至鲁成公十六年（公元前575年）间，晋及其同盟伐郑6次，楚伐郑3次，郑晋媾和两次，郑楚媾和两次。蔡被晋侵两次，并被要求加入联盟。参见杨伯峻：《春秋左传注》，中华书局1990年版，第812、819、823、830、833、838、843—844、848、849、873、879页。

国都参加了晋国领导的合作制度。①

三、制度内的责任关系和公共产品提供

三个主要规范给各国赋予了互助的责任,但是尊卑有序的规范对各国的责任进行了分配,这种分配在某种程度上也与各国的实力对比相关。

根据尊卑有序的责任划分,霸主国家对待诸侯国的责任是"宥其罪戾,赦其过失,救其菑患,赏其德刑,教其不及",各诸侯对待霸主的责任是"说其罪戾,请其不足,行其政事,共其职贡,从其时命"。② 从上面的历史文本可以看出,霸主国提供了制度所需的大多数公共产品,这些公共产品主要包括:各国的生存和安全、各国遭遇危机时的救助(包括自然灾害)、争端的和平解决。由霸主国提供公共产品,既是因为霸主国拥有供给这些公共产品的能力,也是因为霸主国拥有为各国做出表率、实践合作规范的道德义务。

春秋"国际制度"是强调贤者治理的制度,霸主国需要成为其他各国的表率,符合"德"的标准。而遵循合作规范是"德"的重要原则,因此霸主通过承担合作责任,抑或提供主要公共产品来领导各国。在春秋时期,人们通过情感来感受,即感受到领袖对大家的某种付出和承担,这是"德"的意义——不仅是西方经济学理论中物质上的价值,也可能是威慑和战争能力。正如晋国郤缺对晋国赵宣子说:"非威非怀,何以示德?无德,何以主盟?"③ 三个主要规范正是"德"的具体要求和表现,这在《左传》中被重申,"庸勋、亲亲、暱近、尊贤,德之大者也……周之有懿德也,犹曰'莫如兄弟'";"皆奖王室,无相害也!有渝此盟,明神殛之,俾队其师,无克祚国,及而玄孙,无有老幼。"④ 因此,根据建构主义的规范的要求,霸主国领导的合作制度不应当是霸主国对其他诸侯国剥

---

① 杨伯峻编著:《春秋左传注》,中华书局1990年版,第1004、1025页。
② 杨伯峻编著:《春秋左传注》,中华书局1990年版,第1144—1145页。
③ 杨伯峻编著:《春秋左传注》,中华书局1990年版,第563页。
④ 杨伯峻编著:《春秋左传注》,中华书局1990年版,第424、425、467页。

削的制度，而是大国对小国以仁、小国对待大国以信的互利制度。

如果霸主国不能按照规范来管理，为各国做出道德表率，各国就不愿服从霸主国的领导。公元前582年，因为晋国在鲁国、齐国土地争端问题上偏袒齐国，各国对晋国的领导能力产生了怀疑，对制度产生了脱离之心。"诸侯贰于晋。晋人惧，会于蒲，以寻马陵之盟。季文子谓范文子曰：'德则不竞，寻盟何为？'"[①] 又如，公元前564年，晋国在与郑国盟誓时，晋国知武子说："我实不德，而要人以盟，岂礼也哉？非礼，何以主盟？姑盟而退，修德、息师而来，终必获郑，何必今日？我之不德，民将弃我，岂唯郑？"[②]

对应霸主国尊长、表率的位置，其他诸侯国在制度内承担的责任多是追随霸主国，参与其领导的合作。虽然这种追随是相对的，以霸主国的行为符合规范为前提："小所以事大，信也；大所以保小，仁也。背大国，不信；伐小国，不仁。民保于城，城保于德。失二德者，危，将焉保？"[③] 但相对霸主国来说，各诸侯国承担的责任很多是被动性质的。具体来说包括以下两点：第一，参与霸主国领导的互助行动，包括抵御外敌和惩罚违背规范的诸侯国；第二，尊重周王室和霸主国，通过朝聘等行为维护尊卑有序的关系。

春秋"国际制度"中，普通诸侯国的很多责任是社会性和仪式性的，主要是承认霸主国的领导，维护霸主的地位。从"说其罪戾，请其不足"中可以看出霸主国根据规范监督各国的行为，而各国需要霸主国给予军事援助。虽然普通诸侯国需要对霸主国"行其政事，共其职贡，从其时命"，[④] 但是霸主国的要求不能过度消耗他国国力。

从各国朝聘霸主国的责任来看，晋国主导时期，起初令诸侯三岁而聘，五岁而朝，各国对霸主国的经济贡赋并不大，这是符合规范的朝聘要求。但随着

---

① 杨伯峻编著：《春秋左传注》，中华书局1990年版，第842页。
② 杨伯峻编著：《春秋左传注》，中华书局1990年版，第969页。
③ 杨伯峻编著：《春秋左传注》，中华书局1990年版，第1642—1643页。
④ 杨伯峻编著：《春秋左传注》，中华书局1990年版，第1144—1145页。

时间的发展，晋国需要应付频繁爆发的战争，将成本通过朝聘的方式转嫁给各小国，小国认为这不符合制度规范，于是就有了平丘会盟时郑国要求降低朝聘财货的要求："诸侯靖兵，好以为事。行理之命无月不至。贡之无艺，小国有阙，所以得罪也。诸侯修盟，存小国也。贡献无极，亡可待也。存亡之制，将在今矣。"① 上述记载可以确定，建立制度的目的是使小国免于大国的威胁和剥削，小国承担的责任和公共产品应当符合小国的承受能力。

从小国维护共同体安全、参与霸主国领导的军事行动的责任来看，齐桓公时期，各国跟随齐国参与了对外敌的作战，但这些作战的规模并不大。晋国建立合作制度时参加的城濮之战，为维护制度而参与的鄢陵之战、邲之战都是大国之间的大战，晋军作为华夏诸侯国联军主力与楚军作战，联军中其他各国的军队未有大规模伤亡。

综上所述，春秋时期的"国际制度"要求霸主国提供主要的公共产品，履行合作规范，为各国做出表率。② 具体来看，霸主国主要提供以下三种公共产品：

首先，霸主国需要维护各国之间的友好关系，惩罚违背规范的行为。霸主国主要使用军事手段对违背规范的诸侯国施加惩罚。公元前558年，邾国入侵鲁国，鲁国向晋国通告。第二年，鲁国、晋国、宋国、卫国、郑国、曹国、莒国、邾国、薛国、杞国、小邾国在溴梁会盟，晋国拘禁了莒国、邾国的国君，命令两国归还侵占鲁国的土地，惩罚它们曾经入侵鲁国。③ 又如，由于齐国频繁侵犯鲁国，公元前555年，晋平公带领鲁国、宋国、卫国、郑国、曹国、莒国、邾国、滕国、薛国、杞国、小邾国一起讨伐齐国。公元前554年，讨伐完齐国的各国军队在督扬会盟，誓词包括"大国不能欺凌小国"。④

---

① 杨伯峻编著：《春秋左传注》，中华书局1990年版，第1359页。
② 最典型的反应是合作制度对外敌的两次大战——邲之战和鄢陵之战的军队主力都是由作为霸主的晋国提供的，参见杨伯峻编著：《春秋左传注》，中华书局1990年版，第721—743、890页。
③ 杨伯峻编著：《春秋左传注》，中华书局1990年版，第1023—1025页。
④ 杨伯峻编著：《春秋左传注》，中华书局1990年版，第1034页。

霸主国的惩罚违手段还包括剥夺其土地。例如，晋国因为卫国内乱事件，在公元前547年包庇卫国大臣孙林父，定罪于卫襄公，并作为对卫国的惩罚，占取了卫国戚地。公元前535年卫襄公卒，晋国归还卫国戚地。[①]

其次，霸主国需要维护各国的安全，领导各国抵御外敌。在对外敌的作战中，霸主国提供主要的军队，其他各国提供的军事资源相对较少。晋国军队作为联军主力参加了邲之战、城濮之战、鄢陵之战这三次对抗楚国的大战。其他诸侯国也需要提供公共产品。如公元前578年，晋国联合齐国、鲁国、宋国、卫国、郑国、曹国、邾国、滕国一起伐秦；[②] 公元前559年，晋国再次带领各国将秦国打败，齐军和宋军在战争中表现得非常消极。[③]

最后，霸主国根据尊卑有序的规范占据了领导地位，该规范也是制度运转的核心机制，霸主国承担维护该规范的主要责任。公元前518年，晋国范鞅问如何对待王室的祸乱时，郑国子大叔说："今王室实蠢蠢焉，吾小国惧矣；然大国之忧也，吾侪何知焉？吾子其早图之！《诗》曰'瓶之罄矣，惟罍之耻'。王室之不宁，晋之耻也。"[④] 这段历史说明小国恐惧各国间秩序混乱，因为小国没有能力维护自身安全，更没有能力纠正各国的错误。秩序混乱导致晋国未能维护自身榜样身份，行使领袖职责，也没有维护其权威，这是霸主国的耻辱。

四、制度性权力的分配

从春秋"国际制度"的决策机制和管理机制来看，霸主国得到制度中的大部分权力，形成对各国的控制力。制度建立后，各国之间大部分军事行动要向霸主国汇报，得到准许后才能实施，否则会被认为违背规范，遭到霸主国制

[①] 杨伯峻编著：《春秋左传注》，中华书局1990年版，第1293—1294页。
[②] 杨伯峻编著：《春秋左传注》，中华书局1990年版，第859—866页。
[③] 杨伯峻编著：《春秋左传注》，中华书局1990年版，第1004、1008—1010页。
[④] 杨伯峻编著：《春秋左传注》，中华书局1990年版，1451—1452页。

裁。因为任何争端，在没有霸主国的许可下，都不能使用武力解决，战争权部分地移交给合作制度。例如，公元前536年，"十一月，齐侯如晋，请伐北燕也。……晋侯许之。十二月，齐侯遂伐北燕，将纳简公"。① 公元前548年，郑国讨伐陈国，因为郑国痛恨陈国在此前跟随楚国伐郑，战争结束后，郑国派子产去晋国汇报这次战争得胜，晋国问罪于郑国，认为郑国擅自伐陈。② 当然，这是一种各诸侯国服从于制度的理想状态。

制度决策主要由霸主国实施，其他国家很少能够参与。但如果霸主国的决策违背了合作规范，其他诸侯国可以提出异议，影响决策。也就是说，其他诸侯国可以对霸主国进行监督，参与决策内容的讨论，但这种参与也是相对有限的。由于霸权合作制度的等级性，很多诸侯国对霸主国的不满得不到充分表达，霸主国违背规范、规则的行为很难受到惩罚。例如，因为齐国之前屡屡侵犯鲁国并占取鲁国汶阳的土地，鲁成公二年（公元前589年），晋国出兵作为联军主力战胜齐国，迫使齐国的归还汶阳于鲁。鲁成公九年（公元前582年），晋国面对齐国争夺霸主名位的威胁，为了缓和两国关系，采取绥靖齐国的态度，又要求鲁国把汶阳土地划分给齐国。各国对晋国的领导能力产生质疑，但又无法改变晋国的决策，便对制度产生了脱离之心。③

对于霸主国违背规范的决策，各国可以凭借规范劝说霸主放弃决定，或者与其谈判。有时侯霸主国会做出一些妥协和让步。公元前547年，为了晋国干预卫国内乱，偏袒卫国大臣孙林父、囚禁卫献公一事，齐景公、郑简公访问晋国。齐国晏婴提出，晋国在各国间宣扬它的道德，体恤各国的忧患，帮助各国克服困难，纠正各国的过失，处理制度内的事务，所以是盟主。但为什么帮助卫国的臣子而惩罚卫国的君王？晋国应该依据尊卑有序，理顺卫国国内的君臣关系，依据宗亲互助帮助卫献公。之后，齐国大臣国子赋《辔之柔矣》，义

---

① 杨伯峻编著：《春秋左传注》，中华书局1990年版，第1280页。
② 杨伯峻编著：《春秋左传注》，中华书局1990年版，第1102—1106页。
③ 杨伯峻编著：《春秋左传注》，中华书局1990年版，第786—794、842页。

取晋国应当以宽政以安定诸侯。郑国大臣子展赋《将仲子兮》,义取众言可畏,晋国如果有违规范,将影响其霸主国的权威。卫侯虽别有罪,而世人认为晋国为臣执君,违背了尊卑有序的规范。在诸侯国的压力下,晋平公同意释放卫献公。[1] 又如,鲁昭公十三年(公元前529年),郑国子产带领各国要求降低朝聘霸主国的财货数量。根据互助规范,诸侯国不应该成为霸主国经济剥削的对象,后来经过长时间的谈判,晋国决定妥协。[2]

霸主国对制度决策权、管理权的垄断使其在某些情况下会有选择地维护规范,甚至违背规范,利用制度为私利服务。例如,鲁庄公三十二年至鲁僖公五年(公元前662年—前655年),齐国一直遏制楚国扩张,以此保住郑国对齐国的亲附,并争取江国、黄国加入齐国主导的合作。同一时间段内,晋国灭亡了耿国、霍国、魏国、虢国、虞国,齐国对此并没有予以惩罚。因为楚国此时已经成为有实力挑战齐国的国家,而晋国此时处于向大国成长的过程中,并且需要处理与秦国的纠纷,[3] 并没有与齐国争霸的实力,过早惩罚晋国,可能会导致齐国无力同时遏制楚国。

晋国在称霸后,面对齐国的竞争压力,多次利用制度为自己的利益服务。公元前537年至公元前519年这一阶段,为了获取鲁国对自己地位的继续支持,面对鲁国不断侵犯莒国、邾国的行为,晋国选择了包庇。当然,春秋历史发展到这一时期,中等力量的诸侯国也会引导霸主国违背规范,与霸主合谋。鲁国在这一时期向晋国提出:霸主国的政策应该是赏赐与自己有共同利益的国家,惩罚那些反对自己利益的国家,鲁国没有晋国的支持也可以投靠别的大国。[4] 争霸的竞争逻辑已经从鼓励大国维护规范,发展为迫使大国

---

[1] 杨伯峻编著:《春秋左传注》,中华书局1990年版,第1114—1117页。
[2] 杨伯峻编著:《春秋左传注》,中华书局1990年版,第1359页。
[3] 杨伯峻编著:《春秋左传注》,中华书局1990年版,第203、258、311、330—331、351—352、367页。
[4] 杨伯峻编著:《春秋左传注》,中华书局1990年版,第1270、1277、1357、1361—1362、1441—1442、1451页。

无序竞争、违背规范。

通过以上分析我们可以发现,春秋时期,齐国、晋国建立的合作制度的宗旨是维护共同体利益,积极实践尊卑有序、共御外敌的规范,制度的主要功能、各国责任和权利划分都是依据共同体身份认同形成的,因此制度具有强烈的共同体驱动力,而不完全是利益计算的驱动力。

同时,该合作制度是具有等级性质的"国际制度"。一方面,这是尊卑有序规范对制度建构的结果;另一方面,制度的建立需要大国惩罚违背规范的诸侯国,并以武力确立自身领导地位。但是,根据规范要求,霸主国要为其他诸侯国服务,提供更多公共产品而不是剥削他国。由于制度缺乏对霸主国的约束,加之霸主国掌握了过多的制度资源,该制度也有被霸主国歪曲、利用的可能性。实际上,歪曲利用制度也并非完全出于霸主国的本意,很多情况下是霸主国迫于争取他国支持,维持自身地位的结果,利益分配困境是导致这种现象的根源。

第二节 合作制度的利益分析

一、制度的利益分配结构与分配方式

春秋"国际制度"中存在哪些利益?这些利益是如何分配的?是哪些因素导致利益冲突的呢?

我们先来看一下国际关系学对国家利益的理解。亚历山大·温特用弱物质主义的理念去分析国家利益,认为国家利益的物质性是有限的,利益的意义在相当程度上是观念建构的。[①] 但同时,温特的观点又是一种相对理想化的观点。

首先,国家内化国际规范的程度不同,很多研究表明,国家会在一定条件下违背国际规范,比如面对巨大的经济利益诱惑,国家可能采取机会主义的态

---

① [美]亚历山大·温特著,秦亚青译:《国际政治的社会理论》,上海人民出版社2001年版,第143—167页。

度违背国际规范。[①] 在没有国际制度监督和制约的环境中，违背规范的现象时有发生。即使在规范被广泛内化的国内社会中，一套完整的监督、惩罚制度也是必须的。

其次，国家利益是多元化的，同一个国家可以有多个利益，不同国家的权力大小、利益需求次序也是不同的。以春秋"国际制度"为例，不同国家虽然都内化了同样一组规范，但是大国强调尊卑有序，以求实现大国的地位和对小国的影响，小国强调友好互助，以求实现安全与稳定。而且，不同国家虽然都内化了同样一个规范，但面对遵循规范或违背规范的压力时，不同国家的承受能力也是不同的。

最后，不同的国家在不同时期对同一个规范有不同的解释，不同的规范在某些情况下可能会相互冲突。以春秋时期为例，有些国家按照尊卑有序的规范，希望维持现状，不允许其他诸侯国提高地位等级，并为此不惜发动战争，但这样做又会破坏友好互助规范。同样，也有国家通过理解尊卑有序规范，努力追求改变自己现有的地位，通过对抗"蛮夷"来获得霸主国的地位。

因此，我们在研究中需要根据春秋时期的史料，总结合作制度的相关利益实现机制，特别是公共产品的提供机制、对违背规范的诸侯国的惩罚机制、利益的分配方式等内容，再具体结合不同类型的诸侯国在制度中的收益状态和政策偏好来进行分析。

通常来讲，国际制度通过规则协调国家的理性计算，改变国家的收益预期，通过合作达成共同利益；如美苏之间的军备控制问题，制度可以提供合作规则来减轻因徒困境式的博弈。即使制度的社会化程度较低，成员之间缺乏共同身份和牢固的信任，通过博弈计算得到的收益仍会存在。最为极端的案例是军事联盟。因权力制衡产生的军事联盟，其成员基于相同的威胁认知、利益计

[①] 参见周方银：《国际规范的演化》，清华大学 2006 年博士学位论文。

算和协调承诺（安全互助条约或安全利益共损共荣的担保）而被捆绑在一起，不需要成员之间产生集体身份认同。①

社会化程度较高的国际制度也可以实现安全利益、经济利益等物质性利益，但这些利益的意义是通过规范建构的，是国家身份带来的，而不只是由利益交换、监督和惩罚性规则产生的。安全共同体能建构这样一种利益观——他国的安全也是本国的重要关切，彼此之间的安全不应通过武力来实现。通过内化规范、建构共同体的集体身份，国际制度还可以产生某种观念利益，通常是一种社会关系，如成员在国际社会中的地位、威望。这种利益关系的具体内容是国际规范和共同体身份赋予国家的。

春秋"国际制度"的特点是安全生存与社会地位两种利益同时发挥重要作用。各国具有共同体的集体身份——华夏国家（姬姓各国公室之间还有宗亲关系），在集体身份的作用下，各国不希望看到他国的利益遭受损害。最典型的体现是，面对水旱等自然灾害（不是现代军事联盟所应对的入侵），各国也会在援助的同时用礼乐表达同情和悲哀。但是，集体身份带来的利益是相对的，各国不一定完全按照集体身份确定的利益互动，各国加入"国际制度"的动机并不完全相同，追求的利益也有一定的差异性。

一方面，根据第三章的研究结果，春秋时期不存在完全有效的"国际制度"，各国之间冲突频发，大国侵占小国土地、城邑的现象时有发生，小国被大国灭亡的可能性也是存在的。小国面对的安全威胁不仅来自共同体之外的国家。因此，小国参与"国际制度"更多考虑的安全利益的实现："诸侯靖兵，好以为事"，"诸侯修盟，存小国也"。②

另一方面，由于共同体身份的存在，诸侯国之间没有出现严重的安全困境，大国的生存是可以保障的。这些诸侯国追求的利益相对多元，生存不是首

---

① Glenn H. Snyder, "Alliance Politics," Ithaca: Cornell University Press, 1997, pp. 168 – 170.

② 杨伯峻编著：《春秋左传注》，中华书局1990年版，第1359页。

要考量，共同体内的政治影响力、威望成为其追求的重要利益，特别是对于齐国、晋国，建立以共同体为基础的合作制度，取得该制度的领导位置，维护尊卑有序的身份关系是其追求的重要利益。在春秋"国际制度"中，这种涉及身份关系安排的社会性、观念性利益非常重要，有时比土地这种可转化为军事力量的利益还要重要。例如，晋文公平定王子带之乱后，要求周襄王赏赐他以天子的隧道形式安葬，周襄王不允许，转而赏赐他阳樊、温、原、攒茅等土地。周天子之所以这样做，是因为不能搞乱天子与诸侯的身份关系，以保持自身地位和权威。春秋时期，大国争霸的目的就是与其他诸侯国确立一种尊卑有序的身份关系，由于提供制度所需的公共产品可以获得各国的拥戴，大国不惜为此发动战争，保护其他弱小的诸侯国。

如何实现和维护这些利益呢？根据上文关于春秋"国际制度"内责任的分析，小国可以通过参与安全合作来实现安全收益。霸主国所需的尊卑有序的身份关系又是如何实现的呢？各国对霸主国朝聘、会盟时的仪式是实现霸主国身份地位的重要方式之一。

地位是社会对某一群体的某一特性的认可，[1] 地位是身份的一部分，需要获得其他社会成员的承认。朝聘和会盟是各国不断行"礼"的过程，表达对地位的承认，成为春秋"国际制度"中利益分配和维持地位的重要方式。

合作制度建立后，霸主国与其他诸侯国之间进行频繁的朝聘、盟誓、会见。根据晋文公、晋襄公的要求，各国对霸主三年一聘，五年一朝，诸侯国之间不和谐、有冲突时就进行会盟。[2] 朝聘的时候各国需要给予霸主国财货，[3] 霸主国所要求的并非财货带来的经济利益。但是，到了春秋中后期，晋国承担了

---

[1] Advan Knippenberg and Naomi Ellemers, "Strategies in Intergroup Relations," in Michael A. Hogg and Dominic Abrams, eds., "Group Motivation: Social Psychological Perspectives," New York: Harvester Wheatsheaf, 1993, pp. 20–21.
[2] 杨伯峻编著：《春秋左传注》，中华书局1990年版，第1232页。
[3] 杨伯峻编著：《春秋左传注》，中华书局1990年版，第955页。

大量的安全责任,战争非常频繁,晋国逐渐以朝聘的形式获得其他诸侯国给予的经济补偿,朝聘的意义也在逐渐发生改变。

随着春秋"国际制度"的发展,共同体成员之间会见、盟誓的行为十分频繁。霸主国新的国君继位,甚至霸主国卿的更换都开始需要其他诸侯国遣使朝聘,各国需要对这种事实予以承认,表示继续参与制度,并服从于霸主国领导。其他重要事件发生时,诸如达成对某国媾和、新诸侯国加入、采取集体军事行动都需要各国举行会议或盟誓。例如,公元前570年,因为郑国重新加入合作制度,而且晋国想与吴国建立交往,把吴国也纳入制度。晋国提出与各国会见。晋悼公让士匄通知齐国:为了预防突发的冲突,调节各国之间的矛盾,晋国希望召集各国会见。①

各诸侯国在盟誓和朝聘的过程中,通过行礼的方式,如语言表达、肢体动作、器物选择等,表达对霸主国地位和功绩的承认,以及继续跟随霸主国、履行职责的意愿。霸主国则表示继续依照规范领导各国,这种类型的仪式维持了信任关系和尊卑秩序,是非常频繁却十分重要的合作机制,同时也是利益分配机制。

例如,公元前547年,齐景公、郑简公去晋国会见,晋平公赋《嘉乐》一诗。取"嘉乐君子,显显令德。宜民宜人,受禄于天"②的意思,表示晋国受周王之命,其恩德使各国受益。齐国以《蓼萧》一诗回答晋国。③ 郑国以《缁衣》一诗回答晋国,④ 表示希望晋国国君见到两国国君到来,答应他们的要求。在齐国、郑国君主完成等级和责任关系的确认后,晋平公表达了晋国的责任,感谢齐国君主对晋国国君道德声誉的肯定,这使得晋国宗庙安定,感谢郑国服

---

① 杨伯峻编著:《春秋左传注》,中华书局1990年版,第926页。
② 杨伯峻编著:《春秋左传注》,中华书局1990年版,第1116页。
③ 《诗·小雅》,该诗表达了诸侯朝见周天子时的尊崇、歌颂之意。参见杨伯峻编著:《春秋左传注》,中华书局1990年版,第1116页。
④ 取"适子之馆兮,还予授子之粲兮"的意思。参见杨伯峻编著:《春秋左传注》,中华书局1990年版,第1116页。

从晋国的领导。①

又如，公元前554年，季武子到晋国，感谢晋国出兵帮助鲁国，晋平公设享礼招待他。晋国的范宣子赋《黍苗》一诗，表达晋君忧劳鲁国。季武子站起身来，再拜稽首，曰："小国之仰大国也，如百谷之仰膏雨焉。若常膏之，其天下辑睦，岂唯敝邑？"②这里承认了晋国与鲁国之间的（大国与小国）关系，认为晋国对天下各国提供帮助，于是他赋《六月》一诗。《六月》是尹吉甫佐周宣王征伐之诗。季武子以晋侯比吉甫，辅佐周天子管理各国，意在承认晋国的领导者地位。③

如果在仪式中，一方以比之前更高规格的方式向对方行礼，则代表承认对方地位提高了，虽然这可能违背了"礼"的等级安排。公元前570年，晋国、鲁国会盟于长樗。鲁襄公对晋悼公行稽首之礼。稽首是诸侯对周天子所行的礼仪。晋国的知武子说："天子在，而君辱稽首，寡君惧矣。"鲁国孟献子回答：晋国是鲁国的依靠。④ 从上述案例中可以看出，霸主国领导地位利益的实现，除了通过提供公共产品外，还需要在各种具体的外交场合中，以礼乐仪式的方式得以实现。

朝聘、会盟等仪式的重要性丝毫不亚于军事合作。地位是行为体之间通过仪式相互确认的结果。⑤ 如果地位不能在互动中被确认，或是一国在互动中否定他国需要的地位，可能会引发战争。⑥

各国在朝聘的过程中可能会表现出对霸主国地位的不承认。公元前557

---

① 杨伯峻编著：《春秋左传注》，中华书局1990年版，第1116—1117页。晋国有意将《缁衣》解释为进献衣服、饮食，对晋国没有二心。
② 杨伯峻编著：《春秋左传注》，中华书局1990年版，第1046—1047页。
③ 杨伯峻编著：《春秋左传注》，中华书局1990年版，第1047页。
④ 杨伯峻编著：《春秋左传注》，中华书局1990年版，第926页。
⑤ 康欣：《地位认知、权力结构与国际冲突》，《世界经济与政治》2012年第2期，第99—118页。
⑥ William C. Wohlforth, "Unipolarity, Status Competition, and Great Power War," World Politics, Vol. 61, No. 1, 2009, pp. 28–57.

年，晋国、宋国、卫国、郑国、曹国、莒国、邾国、薛国、杞国、小邾国、齐国的国君在溴梁会盟的案例是礼乐仪式的典型案例。根据礼乐制度的要求，乐要发自内心，礼是其外在表现。这次仪式中，齐国国君不参加，让高厚参加，晋国的荀偃提出"歌诗必类"，诗歌的言辞要与高厚的舞蹈相一致。而高厚赋诗跳舞的过程中没有表达对晋国霸主地位的承认。荀偃说："诸侯有异志矣。"晋国要求高厚与众大夫一起盟誓，高厚逃跑了，因为他不能以盟誓的仪式承认晋国的地位。晋国和鲁国、晋国、宋国、卫国、郑国、小邾国的大夫会盟，一起讨伐不忠于盟主的人。[①]

另一个典型案例是公元前530年，齐国通过仪式直接表达了对霸主地位的否认。晋昭公新立为君，齐国认为可以趁此时机抢占晋国的霸主名位。在齐国、卫国、郑国、鲁国朝见晋昭公的宴会上，晋国荀吴以投壶的方式表达晋国仍是霸主："有酒如淮，有肉如坻。寡君中此，为诸侯师。"齐景公同样以投壶的形式表达对晋国的挑战："有酒如渑，有肉如陵。寡人中此，与君代兴。"面对齐国的挑战，晋国在公元前529年连续两次阅兵，以显示其维护霸主地位的决心。[②]

综上所述，华夏诸侯国共同体中蕴含着维护各国安全的物质利益和各国身份关系所体现的社会性、观念性利益。前者是小国的重要关切，通过大国的帮助来实现；后者通过各国会盟、朝聘等仪式的方式不断表达，但是这种社会性利益——治理权威基本被霸主国获得，导致其他大国对霸主国发起挑战。这种利益争夺能否通过制度安排来妥善解决呢？

二、名位竞争与大国冲突

首先，春秋"国际制度"的利益分配中，霸主国与小国之间矛盾较小。霸主国带领各国进行安全合作，对小国提供安全保障，得到其他诸侯国的尊敬和

---

① 杨伯峻编著：《春秋左传注》，中华书局1990年版，第1025—1027页。
② 杨伯峻编著：《春秋左传注》，中华书局1990年版，第1333—1357页。

服从，并通过朝聘、会盟等仪式予以实现。但如果同时出现两个大国争夺霸主国名位的情况该怎么办？其他与霸主国军事实力相近的大国很少需要通过合作制度维护自身的生存，却与霸主国一样希望得到威望和政治影响力。根据本章第一节的分析，霸主国被定义为领导者，拥有制度中的决策权，其他大国加入制度后的地位、权利与小国相差不大，这些大国的尊贵地位较难得到体现，却还要提供一定的公共产品。因此，实力与霸主国接近的大国不满于自身的地位，很容易对霸主国发起挑战。

晋国称霸期间，齐、秦两国对晋国主导的合作制度不满，频频向晋国发起挑战。晋国疲于应付挑战并做出一定妥协。公元前546年，晋国主导召开第二次弭兵会议，决定让齐国、秦国处于一个较高的地位——高于鲁、卫、宋等小国，同时低于晋国、楚国而处于比霸主国次一等的地位，齐、秦两国也不需要朝聘晋、楚两国。这种地位安排显示出霸主国对齐国、秦国这样的大国进行了妥协。齐国和秦国不需要朝聘晋国和楚国，在一定程度上显示出这些诸侯国的地位比小国高，也减轻了它们的经济负担，但仍然没有让两国得到与霸主国近似的地位。这是尊卑有序规范和春秋"国际制度"的等级性质所固有的要求。[①]

其次，关于霸主名位与领导权分配的矛盾是否有解决方法呢？霸主国是否可以将名位分享给其他大国呢？有没有关于霸主国更替的制度安排呢？如果领导位置和领导权不能重新分配，可否对得不到霸主地位的诸侯国提供一些物质利益的补偿？如果以上问题的答案都是否定的，则霸主地位是大国在制度中追求的核心利益，这种利益有难以复制、分割的属性，针对这种利益的竞争为零和性质。

尊卑有序规范决定了各国在制度中的责任与利益分配，要求各国之间始终存在一定的差异。春秋时期，名位被建构为不可分割、复制、让与的利益。尊和卑是由名分、名位定义的。名位是社会事实，代表着各国在合作制度内的

---

① 杨伯峻编著：《春秋左传注》，中华书局1990年版，第1132—1133页。

相对位置，由规范来建构其意义。"夫名以制义，义以出礼，礼以体政，政以正民。"① 各国要从名分、名位确定自己在制度内需要遵循的规范，以行为符合规范来实践合作制度。在春秋"国际制度"中，霸主国的名位为尊，其他各国相对为卑，霸主国有责任为各国做出符合规范的表率、惩罚他国不符合规范的行为，为制度提供主要的公共产品。② 各国对霸主国需要"说其罪戾，请其不足，行其政事，共其职贡，从其时命"。③ 源于家庭中的身份关系的规范，其性质更多强调道德性和规定性，强调行为体之间责任与权利的差别。在君君、臣臣、父父、子子的关系中，君父的权利如果能够让渡与协商，则"名不正，言不顺，事不成"。④ 因此，名分所承载的利益也是无法让与、复制和分割的。霸主名分中，"霸"是"伯"的意思，诸侯之长的意思，⑤ 长幼之间总是差异性的关系，霸主名分难以分配给诸多大国。由于春秋"国际制度"的等级性质，霸主国很大程度上通过战争崛起，而后要求贯彻尊卑有序的规范，霸主国作为制度领导者不可能为霸主名位的更替设计一套可行的规则与程序。

名位是行为体在制度中的相对位置，类似于经济社会学所定义的位置性物品，⑥ 位置性物品是难以复制的稀缺性物品。社会中存在位置性物品和物质性物品，物质性物品能够随单位劳动生产率的上升，在质量不变的情况下不断增加，满足消费者的需求。而位置性物品是相对稀缺的，在某种程度上，位置性

---

① 杨伯峻编著：《春秋左传注》，中华书局1990年版，第92页。
② 最典型的反映是华夏诸侯国合作制度对外敌的两次大战——邲之战和鄢陵之战的主力军队都是由作为霸主的晋国提供的，参见杨伯峻编著：《春秋左传注》，中华书局1990年版，第721—743、890页。
③ 杨伯峻编著：《春秋左传注》，中华书局1990年版，第1144—1145页。
④ 杨伯峻译注：《论语译注》，中华书局2009年版，第131—132页。
⑤ 《左传·哀公十三年》载："王命诸侯，则伯帅侯牧以见于王。伯合诸侯，则侯帅子男以见于伯。"《左传·僖公二十八年》载："王命尹氏及王子虎、内史叔兴父策命晋侯为侯伯。"伯者长也，言为诸侯之长也。参见杨伯峻编著：《春秋左传注》，中华书局1990年版，第463、1678页。
⑥ 参见 Fred Hirsch, "Social Limits to Growth," Harvard：Harvard University Press, 1976。

物品是通过在社会群体中的等级、排位来获得价值的。而地位就是一种典型的位置性物品，一个行为体地位的提高必然导致另一个行为体地位的下降。[①] 春秋时期，社会的等级性浸透在血缘关系、分封制度、历史中的战争结果、君子日常政治实践中，当时社会的政治决策者对位置性物品的崇拜要超过作为现代社会科学理论的经济社会学关于位置性物品的界定。

春秋诸侯国体系中领导地位是一种位置性物品，共同体的领导权的总量是有限的，"我们可以把权力去中心化，把权力更平等地在组织内部进行分配，但是没有人能无限制地增加分布在一个组织内或一个经济内的领导权的总量。"[②] 同样，制度中所蕴含的威望、地位也是有限的，很难复制的。"名以出信，信以守器，器以藏礼，礼以行义，义以生利。"[③] 名分产出的威信、权威与权力比起来是更加难以复制和让与的，对这些资源的争夺近似于零和性质的博弈。

名位的利益被建构为春秋"国际社会"的"国际制度"中的重要利益，并且制度将体系内大多数有实力的诸侯国紧密地整合在一起，因此各国服从霸主国的领导。如果某一大国想获得东亚大陆政治体系中近乎最高的领导地位和强大政治影响力，其途径只能是获得"霸"（伯）的名位。因为霸主国被共同体各国所承认，掌握了制度的领导权。春秋时期，通过华夏诸侯国合作制度之外的手段获得同样高度的地位、政治影响力的可能性非常小。各大国都希望争夺霸主地位，一般不会为了某些物质利益而放弃竞争。

综上所述，霸主地位是大国在春秋"国际制度"中追求的核心利益，这种利益意味着巨大的威望和政治影响力。大国对于这种利益的分配状况不满，只有唯——个霸主国能得到这种利益。

---

① Fred Hirsch, "Social Limits to Growth," Harvard: Harvard University Press, 1976, pp. 27 – 28.
② [美] 乔尔·波多尼著，张翔等译：《地位的信号：对市场竞争的社会学研究》，格致出版社、上海人民出版社2011年版，第28页。
③ 杨伯峻编著：《春秋左传注》，中华书局1990年版，第788页。

举一个典型的例子加以说明，晋国与楚国之间长期争霸。楚国并非华夏诸侯国，虽然楚国通过消灭小国获得扩张，但在向中原核心地区扩张的过程中，面对强大的华夏诸侯国联盟，只能寻求加入其中才能进一步提升自己的权力，硬碰硬的兼并战争已经难以奏效。晋国由于长年与楚国冲突，军事成本已难以承受。公元前546年，晋楚第二次弭兵会盟上，晋国被迫同意楚国加入合作制度并取得与晋国接近的位置，而不是相同的霸主地位。晋国也同意除齐国、秦国之外的各国朝聘楚国。这只是给予楚国近似于晋国的地位，晋国仍然以霸主自居，并认为楚国之前一直是合作制度、规范的颠覆者，不可能建立威信而取代晋国的霸主名位。晋楚双方争当会盟的主持者时，晋国被迫同意楚国主持会盟，同时提出削弱楚国地位的解释性话语——晋国认为各国服从晋国的德行，按照礼乐制度，小国也可以主持会盟，可以把楚国当作相对于晋国的小国来看。"晋人曰：'晋固为诸侯盟主，未有先晋者也。'"[①] "叔向谓赵孟曰：'诸侯归晋之德只，非归其尸盟也。子务德，无争先！且诸侯盟，小国固必有尸盟者。楚为晋细，不亦可乎？'"[②] 公元前539年，郑国在是否去楚国朝聘问题上征求晋国的意见，晋国提出，郑国需要在心中把晋国当作霸主，而形式上可以去朝聘楚国："郑罕虎如晋，贺夫人，且告曰：'楚人日征敝邑以不朝立王之故。敝邑之往，则畏执事其谓寡君而固有外心；其不往，则宋之盟云。进退，罪也。寡君使虎布之。'宣子使叔向对曰：'君若辱有寡君，在楚何害？修宋盟也。君苟思盟，寡君乃知免于戾矣。君若不有寡君，虽朝夕辱于敝邑，寡君猜焉。君实有心，何辱命焉？君其往也！苟有寡君，在楚犹在晋也。'"[③]

第二次弭兵会盟是春秋时期的重大政治事件。一方面，反映出关于政治地位的安排是当时消除战争的重要方法，因为战争的目的之一是对地位的争夺。另一方面，这一事件反映出晋国只是不想同时面对齐国、秦国和楚国三个大国

---

① 杨伯峻编著：《春秋左传注》，中华书局1990年版，第1132—1133页。
② 杨伯峻编著：《春秋左传注》，中华书局1990年版，第1132—1133页。
③ 杨伯峻编著：《春秋左传注》，中华书局1990年版，第1241—1242页。

的长期挑战，于是对楚国这个之前被认定为"蛮夷"的大国做出一些妥协和让利。但名位这种利益的有限性在这一案例中得到充分体现，不可能以强迫、让渡的方式实现转移和分割，楚国并没有因晋国的妥协而得到各国的认同和尊崇。

第三节 大国之间的制度内无序竞争

只有合作制度的领导者——霸主国获得地位提升和权力增长，因此其他大国对这种的利益的分配状况不满。同时，制度将体系内大多数有实力的国家紧密地整合在一起，大国无法从制度之外获得同样的地位和政治影响力，导致大国与霸主国之间长期竞争。这种竞争是如何展开的呢？大国之间的竞争为什么造成整个国际体系的退化，建构了各诸侯国之间的敌对关系？

一、诸侯大国间的无序竞争逻辑

在等级性体系中，大国追求地位的提高。我们通过分析现有国际关系学者关于国际地位的理论观点，看看能否解释春秋时期诸侯大国之间的地位竞争，是否能找到无序竞争的原因。

一些研究者借鉴了社会身份理论，研究国家如何追求国际地位。他们提出国家希望在国际社会中得到更高的地位，[1] 并可以从三种途径获取国际地位：社会流动、社会创造和社会竞争。[2]

社会流动是指地位较低的国家可以通过加入国际组织（比如联合国、欧盟）并接纳其规范来提高国际地位，因为这些国际组织或规范被国际地位更高

---

[1] Deborah Welch Larson and Alexei Shevchenko, "Status Seekers: Chinese and Russian Responses to U. S. Primacy," International Security, Vol. 34, No. 4, 2010, p. 68.

[2] Deborah Welch Larson and Alexei Shevchenko, "Status Seekers: Chinese and Russian Responses to U. S. Primacy," International Security, Vol. 34, No. 4, 2010, pp. 71-76.

的国家群体所认可。但采取社会流动方式来提高国际地位有一定前提条件,即主导这些国际组织和规范的国家能够允许试图提高国际地位的国家加入,并认可这些国家新的地位和身份。①

社会创造是指如果现有的地位等级被认为是合理的、稳定的,国家可以在另一个领域追求地位和威望,包括采取以下两种策略:第一,对本国的某些特性进行重新评价。如俄罗斯强调其民族具有集体主义、东正教精神和传统主义的特点,希望通过这些特点与西方的个人主义、物质主义相区分而获得国际社会的赞同。②第二,国家可以在一个新的领域中做出成绩,受到其他国家的赞赏。如印度通过在反殖民主义、国际裁军方面作出贡献而获得国际地位。③

社会竞争是指地位较低的国家可以直接与高地位的国家竞争,甚至以对抗的方式得到国际地位。具体竞争方式包括军备竞赛、争夺地区控制权、对小国进行军事干预等。例如美国与苏联在冷战时期为了争夺国际地位的激烈竞争。④

上述几种方法是否能够用于解释春秋时期的大国间地位竞争?首先,我们来分析一下社会流动能否解释春秋时期诸侯大国的地位竞争。华夏诸侯国共同体起源于血缘和家族,家族中的长幼有序是固定的,名位是不变的。从周天子到诸侯、大夫,从诸侯国体系到贵族家庭结构是相似的关系模式,以名位的等级为核心特征。

春秋时期的等级政治关系继承自武王克商后的制度创建,西周建立的经过和祖先的训诫以铭文的形式铸造在礼器上,这是一个权威化的过程,并通过几百年来的礼乐仪式获得极高的象征力量,对权威的渴望成为霸主国的最高需

---

① Deborah Welch Larson and Alexei Shevchenko, "Status Seekers: Chinese and Russian Responses to U. S. Primacy," International Security, Vol. 34, No. 4, 2010, p. 71.
② Dmitry Shlapentokh, "Dugin Eurasianism: A Window on the Minds of the Russian Elite or an Intellectual Ploy?" Studies in East European Thought, Vol. 59, No. 3, 2007, pp. 215 – 236.
③ Deborah Welch Larson and Alexei Shevchenko, "Status Seekers: Chinese and Russian Responses to U. S. Primacy," International Security, Vol. 34, No. 4, 2010, pp. 73 – 75.
④ Deborah Welch Larson and Alexei Shevchenko, "Status Seekers: Chinese and Russian Responses to U. S. Primacy," International Security, Vol. 34, No. 4, 2010, pp. 72 – 73.

求。这也解释了等级意义、尊卑有序的规范的消散过程为什么如此漫长。为什么从春秋到战国，从争霸战争转向全面兼并战争，诸侯国体系演化所需要的冲突性互动的数量如此巨大（几百次战争）。

由此，春秋时期，政治治理权威是有限的，共同体内的领导地位和权威是等级关系塑造的，霸主国地位的下降或者领导权的丧失才意味着其他诸侯国有机会提高自身地位。加入华夏诸侯国合作制度可以提高地位，制度外的"四夷"的地位会低于遵循合作规范的华夏国家。追求地位的大国已经加入华夏国家共同体，但无法进入制度管理者的行列，向上流动意味着与霸主国分享地位和领导权。在制度之内提供公共产品、为制度做出贡献来赢得其他国家认可也是一种类似于社会流动的地位提升方式，但是春秋"国际制度"没有霸主地位更替的程序和安排，这种努力受到制度缺陷的阻碍。同样，霸主国也会采取提供公共产品的方式维护自身地位。霸主国自身物质权力与其他大国相近，并且能够利用合作制度带来其他资源。因此，在与霸主国物质实力相近的情况下，其他大国通过提供公共产品、为各国做贡献的方式很难威胁到霸主国的领导地位。

其次，我们来分析社会创造理论对春秋诸侯国地位竞争的解释力。等级关系被建构为核心规范，因此对大国来说地位是唯一的重大利益，不能通过扮演其他社会角色的方式实现。春秋诸侯国体系也无法像现代主权国家体系那样，通过某一大国的努力就发展出新的社会角色。例如，第二次世界大战之后很长一段时间，美国是国际经济制度的领导国家，欧盟通过一步步努力，谋求成为国际规范和道德的引领者，与美国扮演不同的领导角色。因为尊卑有序的核心特征是差异性，权力、威望的平均分配意味着对规范的违背。这成为阻碍大国之间合作、分享领导地位的一个重要原因。

反过来，霸主国也会维护自身地位，而其他诸侯国传播新的规范、确立新的"国际地位"领域和标准都是在挑战霸主国，导致社会创造很难成为诸侯国地位的提升方式。

最后，以冲突甚至暴力方式进行社会地位竞争是春秋时期大国的唯一选择。但是长期竞争也可能造成原本等级性的"国际社会"扁平化以及国际规范退化，这是现有研究未能充分讨论的问题。

在春秋"国际制度"中，诸侯国地位下降的主要原因是违背规范，损害各国的正当利益。如果霸主国不能为各国提供安全保障，合作制度的无效便归结于霸主国的失职。霸主国长期不承担责任会导致领导地位下降，甚至导致各国否认霸主国的领导权。

晋国领导合作期间，多次因未能履行责任而遭到小国谴责。例如，公元前534年，楚国和宋国灭亡陈国；公元前531年，楚国灭亡蔡国。面对楚国灭亡小国的行为，晋国没有出兵讨伐。[①] 晋国荀吴谓韩宣子曰："不能救陈，又不能救蔡，物以无亲。晋之不能亦可知也已。为盟主而不恤亡国，将焉用之？"又如公元前526年，面对齐国通过武力频繁侵扰小国的现象。鲁国叔孙昭子否认了晋国的领导地位："诸侯之无伯，害哉！齐君之无道也，兴师而伐远方，会之，有成而还，莫之亢也。无伯也夫！"[②]

霸主国也可以通过提供公共产品的方式维护名位，在霸主国能够履行其职责的情况下，其他大国难以与之竞争，它们与霸主国的合作无法降低霸主国的名位。例如，公元前546年，晋国讨伐齐国的叛臣乌馀，乌馀侵占了宋、卫等国土地，晋国"皆取其邑而归诸侯，诸侯是以睦于晋"。[③]

通过以上分析我们可以发现，大国参与竞争制度内的领导地位可以有多种方式，既可以符合规范、为各国做贡献，也可以是违背规范的方式。具体到春秋时期的地位竞争问题，各方的选择是有限的。霸主国与其他大国之间的竞争是一个长期的互动过程，每一方采取的竞争方式都会导致对方采取相应的对

---

① 杨伯峻编著：《春秋左传注》，中华书局1990年版，第1304、1321、1325页。
② 齐国以武力迫使徐国、郯国、莒国服从于齐国。参见杨伯峻：《春秋左传注》，中华书局1990年版，第1376页。
③ 杨伯峻编著：《春秋左传注》，中华书局1990年版，第1124—1125、1127页。

策，导致制度内地位的变化，除非霸主国通过不负责任的方式，主动降低自身地位。其他大国想要提高自己的地位，还需要在霸主国不作为期间为小国提供安全保护，才能与霸主国竞争。

此外，还有其他层面的原因导致地位竞争者之间无法达成利益分配协议。这些因素也否定了大国以符合规范的方式发起竞争的可能性。春秋"国际制度"由权力、观念、功能上同质化的大国塑造，并且在资源、功能上无需依赖多个大国来维持，这也是领导权无法分享的重要原因。如齐国能够独自领导各国成功实现尊王攘夷、存邢救卫。又如，晋国建立合作制度之初，齐、秦、晋三个权力接近的大国都参加了该制度，而在对抗楚国的安全合作方面，晋国几乎独自提供了公共产品。[①] 也就是说，参与竞争的各国都认为自己无需借助他国大量资源来获取和维持霸主名位，也就难以达成关于分享名位的协议。

最后，竞争者之间的实力对比、不同竞争方式的效率差异成为影响地位竞争的重要因素。如果大国之间实力相仿，就只能利用有限的资源选择效率最高甚至违背规范的竞争方式。一旦某大国选择了这样的竞争方式，其他大国也会被迫选择同样的方式，否则就要面临无法得到霸主名位的局面。

在很多情况下，违背合作规范的竞争方式的效率高于为制度做贡献的竞争方式，关键要看竞争方式对大国可控制的物质资源的消耗与增加程度，因为这是大国最可靠的竞争力来源。如果大国选择了为制度内各国提供公共产品以求提高、维持自己的地位，可能会极大地损害自身的权力资源，影响后续的竞争互动。特别是某些重大的战略抉择，可能会过度消耗大国的国力，一旦失败，可能导致该国退出大国行列。公元前632年，在做出城濮之战的开战决策时，晋国、宋国、齐国、秦国联军面对楚军，晋文公依然权衡利弊，子犯分析说："战也。战而捷，必得诸侯。若其不捷，表里山河，必无害也。"[②] 晋国考虑，如果战败，由于地理环境有利于防御，国土不会因敌国进攻而丧失，不会影响

[①] 杨伯峻编著：《春秋左传注》，中华书局1990年版，第450页。
[②] 杨伯峻编著：《春秋左传注》，中华书局1990年版，第459页。

其大国地位，这是晋国决定与楚国大战的重要原因。

而大国选择违背制度规范，回避应尽责任，可能会增加自身竞争优势，用自己的权力优势击败对手。例如，面对强大的外敌，制度内大国与之发生决战会极大地削弱自身的竞争力，而利用外敌攻打制度内的竞争对手则很可能获得竞争优势。又如，面对违反规范的诸侯国，霸主国对其的惩罚很可能导致该国倒向竞争对手，特别是对于那些能改变竞争双方力量对比的有实力的诸侯国，霸主国很可能选择包庇其过失。另外，由于没有明确的霸主更替的制度安排，一旦霸主国的地位被确定，其他大国提供公共产品的行为只是替霸主国分担责任而已，而挑战霸主国的行为则会变得直接、高效。

综上所述，在社会流动和社会创造受阻的情况下，大国只能选择直接挑战霸主国。在挑战过程中，挑战国可能选择违背规范但竞争效率更高的竞争方式，如武力威胁、干涉、贿赂和拉拢他国等。霸主国也只能以相似的方式与之竞争，虽然这种做法也会降低自己的威望，但比起迅速丧失对小国的控制权和制度领导权，违背规范的竞争方式能够在一定程度上继续维持霸主国的地位。

这种国际制度内的竞争方式非常近似于社会竞争的概念。美国学者威廉·沃尔弗斯发展了社会身份理论的社会竞争方式，他认为国家追求与物质权力相当的国际地位，两极或多极权力分配格局容易导致地位竞争现象。国际地位的稀缺性、竞争的零和性，导致大国间地位竞争以冲突对抗或是冷战的方式出现。[1]

实际上，社会竞争很难直接提高国际地位。以军备竞赛、武力威胁来争夺小国的竞争方式更容易导致小国的恐惧和厌恶。社会竞争其实是大国以破坏合作规范、恶化国际环境的方式来争夺领导地位，甚至以武力强迫其他国家支持本国。只有在竞争结束后，获胜或占据优势的一方通过提供公共产品、维护国

---

[1] William C. Wohlforth, "Unipolarity, Status Competition, and Great Power War," World Politics, Vol. 61, No. 1, 2009, pp. 28–57.

际规范等方式不断弥补其领导地位的合法性，此时该国的地位才能得到实质性提升。[1]

由此可见，沃尔弗斯忽视了一个非常重要的问题，即竞争的规范基础。国际地位只有在国际规范所塑造的国际社会之中才具有意义，在无规范或以战争求生存的国际体系中，国家很难追求国际地位。在国际社会和国际制度的环境中，国家竞争国际地位的方式、竞争所造成的后果都会受到规范的限制。反过来，竞争过程也影响国际规范的效力。

违背国际规范的竞争过程如果是一种不断加剧、具有路径依赖性质的过程，最终将导致国际规范的退化，国家陷入冲突与仇恨之中，国际地位不再是国家追求的利益。如果参与竞争的各方难分胜负，并以破坏国际规范和国际环境、损害其他国家福利的方式长期竞争，各方的国际地位都可能下降。[2] 当维护和平、合作的国际制度不再起作用，竞争双方失去信任，他们之间的对手身份会向敌人身份转化，其他各国也会被卷入长期冲突之中，国际社会的基本规范不断退化。长此以往，霍布斯状态最终将会出现。

经济学中的过度竞争现象既包含社会身份理论的社会竞争逻辑，又指明了竞争的性质和后果。[3] 春秋制度内无序竞争的概念也借鉴了经济学过度竞争概念的部分思想。过度竞争是指："由于竞争过程内生或外部因素的作用，主要发生于非集中型或较高固定成本的寡头市场结构等退出壁垒较高的纯粹产业中。这些产业中企业数目过多、产业过度供给和过剩生产能力现象严重，产业内的企业为维持生存，不得不竭尽一切竞争手段将产品价格降低到接近或低于平均成本的水平，使整个产业中的企业和劳动力等潜在可流动资源限于只能获得远低于社会的平均回报和工资水平的窘境而又不能顺利从该产业退出的非均

---

[1] 冷战时期，美苏在各自阵营中加强意识形态宣传和经济、军事支援，这对双方提高在全球范围内的地位影响有限，有些甚至是负面的。

[2] 例如冷战时期参与不结盟运动的国家强烈反对美苏争霸给第三世界带来的伤害。

[3] 参见张维迎、马捷：《恶性竞争的产权基础》，《经济研究》1999年第6期，第11—20页。

衡的状况。"①

日本学者鹤田俊正认为，过度竞争指的是这样一种状态："在集中度低的产业中，尽管许多企业利润率很低或者陷入赤字状态，但生产要素（主要是劳动力）和企业却不能顺利地从这个行业中退出，使低或负的利润率长期继续。"② 上述定义主要概括这样一种状态：（1）企业数量众多且规模小。企业数量多意味着企业间很难达成稳定价格的协议，规模小意味着企业间实力差距不大，不会出现少数企业能够以价格优势形成垄断的局面。（2）企业必须以降低价格的方式相互竞争以获取利润，这是企业之间无法达成价格协议下的最理性选择。（3）企业的个体理性选择造成全行业长期的利益损失。过度竞争后的产品价格要低于企业间达成协议的价格，低或负的利润率长期存在，这也导致企业没有足够资金退出该行业。③

通过以上定义我们可以发现，过度竞争现象存在以下几个特点：（1）竞争的利益是稀缺的；（2）竞争者之间无法就利益划分达成协议，并且无法退出此行业竞争去追求其他利益；（3）竞争者实力相仿；（4）竞争者只能选择效率最高的竞争方式，但这种选择最终会损害所有竞争者及其代表的利益群体的长远利益。我们可以看出，市场中过度竞争的特点与春秋"国际制度"内部的大国间地位竞争是非常相似的。其过程和结果是所有竞争者都不愿看到的，但竞争的每一步也是竞争者"理性选择"的结果。沃尔弗斯的理论所强调的是权力规模相似、地位分配不均导致的国家间激烈冲突，忽视的正是竞争的这种无序过程和带来的后果。

沃尔弗斯的社会竞争理论：

---

① 曹建海：《过度竞争论》，中国人民大学出版社 2000 年版，第 56 页。
② ［日］小宫隆太郎等编，黄晓勇译：《日本的产业政策》，国际文化出版公司 1988 年版，第 13—14 页。
③ 寡头之间的竞争也可能发展为过度竞争，需要竞争各方无法达成利益划分的协议，同时市场需求远低于供给，参见罗云辉、夏大慰：《市场经济中过度竞争存在性的理论基础》，《经济科学》2002 年第 4 期，第 97—107 页。

国家权力规模接近+地位利益分配不均+利益的零和性质──→竞争地位的国家之间的冲突与对抗──→胜出的一方获得收益

经济学过度竞争：

实力接近的公司+有限而稀缺的市场需求+竞争的公司之间无法达成市场划分的协议+资金短缺无法退出该行业──→激烈的价格战──→该行业以及依赖行业收益的各方利益受损（长期低收益甚至亏损导致恶性竞争长期循环，公司没有足够的利润摆脱此行业）

春秋"国际制度"内无序竞争：

权力规模接近+地位（利益）分配不均+利益的零和性质──→竞争的国家之间冲突──→规范和制度限制了冲突的程度，冲突也在不断破坏规范和制度──→规范退化，地位不再重要，冲突的性质升级为仇恨和生存竞赛

社会竞争导致国际冲突的理论忽略了冲突的有限性以及对规范、制度的破坏性。该理论认为，如果参与地位竞争的国家实力相当，并且无法就地位分配达成协议，国家之间就会产生冲突和对抗；忽视了由于规范和制度的限制作用，冲突和对抗可能延续很长时间。随着规范被冲突破坏，规范逐渐退化，地位竞争转为仇恨冲突和生存竞赛，这正是国际地位竞争的制度内性质和无序性质两个特点。

在借鉴社会竞争理论和经济学过度竞争理论后，我们还需要研究无序竞争的具体过程和逻辑机制，特别是通过史料总结春秋时期大国间无序竞争的方式和逻辑。包括研究地位竞争如何在合作制度内展开？制度怎么会变得无效化并服务于大国竞争？竞争如何导致制度的瓦解？这些问题都是春秋制度内无序竞争特有的。

二、大国无序竞争的特点和方式

无序竞争具有制度内性质和无序性质这两个特点。首先，怎样判定一个竞争是无序性质的。如果霸权制度本身是错误的，或者说霸权国主导的国际规范

和国际制度本身是剥削、压迫小国的工具,则很难评价该规范的退化、制度的瓦解是一种错误的过程和结果。"绝大多数研究是从霸权行使权力或与霸权结构中其他成员相处的过程或程序是否正当来进行判断。例如,是否维护一种进步的自由国际体系;是否以非强制的以及和平的方式推进多边合作或区域一体化;是否致力于(以及受邀请)提供安全、援助、国际斡旋、调停及仲裁等公共产品;在制定和执行国际规则时是否注重公平合理,特别是强制执行时是否经过正当程序(如安理会授权)等等。"① 一些学者提出用"帕累托改进"的标准来评价霸权国和霸权制度的性质:"在一定的时期内的霸权结构中,只要没有一个非霸权成员的利益受到损害,而非霸权成员构成的权力范围的总利益有所增加,即可认为该霸权在这一时期属于良性霸权。"② 从这个原则来看,春秋"国际制度"在其规范所申明的合作原则上是一个良性的霸权制度,特别是在维护共同体各国之间和平方面。另外,该制度只是要求各国对霸主国和周王进行仪式性的朝聘,而不是经济剥削,霸主国反过来也维护各国的安全和稳定。而那些违背合作规范的行为会破坏制度的正常功能,阻碍各国合作并造成各国之间频繁冲突,是对包括竞争者在内的合作制度参与国长远利益的损害,是无序竞争行为。

---

① 参见 Bob Catley, "Hegemonic America: The Benign Superpower?" Contemporary Southeast Asia, Vol. 18, No. 4, 1997, pp. 377 - 399; Thomas Pedersen, "Cooperative Hegemony: Power, Ideas and Institutions in Regional Integration," Review of International Studies, Vol. 28, No. 4, 2002, pp. 677 - 696; Charles A. Kupchan, "After Pax Americana: Benign Power, Regional Integration, and the Sources of a Stable Multipolarity," International Security, Vol. 23, No. 2, 1998, pp. 40 - 79; Geir Lundestad, "Empire by Invitation? The United States and Western Europe 1945 - 1952," Journal of Peace Research, Vol. 23, No. 3, 1986, pp. 263 - 277; Beate Neuss, "'Benign Hegemonic Power': A Means of Refashioning Westerm Europe in the Image of the United States?" Amerkastudien/American Studies, Vol. 46, No. 4, 2001, pp. 535 - 556;张睿壮:《美国霸权的正当性危机》,《国际问题论坛》2004 年夏季号,第 56—58 页;冯维江、余洁雅:《论霸权的权力根源》,《世界经济与政治》2012 年第 12 期,第 10 页。

② 冯维江、余洁雅《论霸权的权力根源》,《世界经济与政治》2012 年第 12 期,第 11 页。

其次，竞争的制度内性质如何体现出来？制度内是指加入某个国际制度的国家之间关系的一种状态，可以有多种具体形式：新自由制度主义强调国家在制度内的利益计算，以规则引导利益分配；结构现实主义强调安全联盟内的国家间互助关系；建构主义强调的制度内环境是指国家间的一种社会关系性质的状态，国际制度由国家的共有观念（或规范）构成，规范越密集，国家内化规范越深刻，国际制度的社会性就越高。在这样的制度内环境中，国家之间的社会关系因素更加凸显，共同体意识和集体身份不断加强。国家会重视诸如地位、声望等共同体内的观念利益。同时，由于参与竞争的国家都内化了规范，制度内环境中的规范和集体身份会对冲突起限制作用。

对于制度内竞争，竞争者之间的战争和冲突因制度的限制作用而难以走向极端化。各方不能将对手消灭，甚至迫于规范和集体身份的约束无法较大地削弱对方的实力。最典型的是晋国在公元前591年至公元前548年七次伐齐，[①]这是齐、晋两国争霸的激烈阶段之一，都以晋国的胜利告终。但是，尽管每次战争的结果都是齐国承认晋国的霸主地位，晋国却无法对齐国实施有效的惩罚，阻止齐国的下一次挑战。晋国在战争之后的安排上没有达成削弱齐国实力的目的，齐国的土地、军队都没有实质性减少。

鲁宣公十八年（公元前591年），晋国、卫国伐齐，齐国把公子彊送到晋国做人质，承认晋国的霸主地位。鲁成公二年（公元前589年），晋国再次打败齐国，要求齐国把田垄全部朝东，以方便晋国兵车伐齐。这种做法可以加快晋国军队的进行速度，同时表现出对齐国的不信任。齐国以晋国不顾农耕的客观需要，只顾讨伐齐国的方便，指责晋国违背规范，不树立道德："无顾土宜，其无乃非先王之命也乎？反先王则不义，何以为盟主？其晋实有阙。四王之王也，树德而济同欲焉。五伯之霸也，勤而抚之，以役王命。今吾子求合诸侯，

---

① 杨伯峻编著：《春秋左传注》，中华书局1990年版，第777、786—794、917、1035、1046、1049、1101页。

以逞无疆之欲。"①

齐国一方面从周王的权威出发,提出晋国并不遵循先王留下来的权威话语;另一方面,从霸主国与各诸侯国之间的关系出发,提出霸主国应当树立德行,实现各国共同的愿望,而晋国以毁坏齐国农耕和百姓生活的方式,求取武力为基础的霸权,满足晋国自己无止境的欲望。如果晋国继续坚持,则会失去各国对霸主的追随,只能放弃。

鲁襄公元年(公元前572年),因为齐国没有在彭城参与同晋国的会面,晋国讨伐齐国,面对晋国强大的军事力量,齐国送公子光为人质,以减轻晋国的疑虑。第二年戚城会盟时,齐国又拒绝参加,晋国再次发出战争威胁。鲁襄公十八年(公元前555年),晋国伐齐,深入齐国境内,但没有达成对齐国的媾和而退兵。上述几个案例非常重要,因为齐国对晋国的竞争是春秋时期最典型的大国争霸现象,大国间多次争霸战争的结果均被合作规范和共同体身份影响,这是制度内大国竞争的特有因素。

从上述战争结束之后的安排上可以看出,作为霸主的晋国虽然能够伐齐国之"罪",但无法像近现代国际关系中各战胜国那样,在大战结束之后做出尽可能削弱对手、防止对方再次挑战的安排。这种被规范限制的、有节制的冲突和惩罚,反而造成制度内频繁的争霸战争的发生。因为如果竞争中的一方能够通过相对短暂的霸权战争极大地削弱对手实力,之后继续维持合作制度运转,这种情况下,规范虽然被一时破坏,但很可能会被继续维持下去,而不是因反复战争而彻底退化。但是,长期的、不断发展的竞争状态会造成规范被大国反复违背,渐渐失去效力,最终导致规范退化的结果。晋国作为霸主国带领各诸侯国反复攻打齐国,华夏诸侯国之间互助的关系、共同体的身份因这些对立性、冲突性互动而减弱,大国之间忙于争霸战争而没有力量对付外敌,导致安全合作制度无法发挥作用。从这种角度看,长期违背合作规范的对抗性竞争甚

---

① 杨伯峻编著:《春秋左传注》,中华书局1990年版,第798页。

至战争是对各国利益的极大破坏，是一种无序竞争的状态。

上述争霸现象只是大国间无序竞争的一种现象。大国之间具有制度内性质和无序性质的争霸方式是什么？对合作制度和华夏各国利益造成哪些损害？春秋时期大国无序竞争方式主要有以下五种：

第一，消极提供公共产品，保存实力相互争斗。消极提供公共产品意味着制度总是在应对问题却又无法解决问题。这种做法减少了大国单次提供公共产品的数量，实际上导致制度长期的高成本运转。如在晋国主导合作制度时期，楚国长期频繁攻击华夏小国。齐国、晋国等大国忙于争夺领导权而回避与楚国发生决战。为了维护制度的完整性，作为霸主国的晋国攻击投降楚国的小国，把小国拉回制度之中。被讨伐的小国由于承受不了长期战乱，在晋、楚两国之间反复倒戈，将成本转嫁给讨伐国家。

第二，向制度外的敌人妥协或借助它们争夺制度领导权。齐国、秦国多次借助楚国的力量向晋国发起挑战。为了卸下楚国的压力，全力应对齐国、秦国，晋国邀请楚国加入合作制度，但楚国加入制度后做出很多颠覆制度的行为。

第三，大国以威胁或战争手段胁迫小国支持自己。霸主国或大国通过武力甚至战争胁迫他国服从，有时甚至吞并小国以加强军事竞争能力。这种行为导致规范的代表者与合法性的权威——霸主国公开违背规范，不履行自己的责任，起到破坏规范的示范作用。各大国胁迫小国会导致权力意义的变化，以军事力量保护自身安全越来越成为权力的主要意义。

第四，霸主国把合作制度转化为以自己为中心的强权制度，加强各国对其效忠以应对其他大国的挑战。这种做法可以使霸主国放弃合作的责任，又可以使其从小国那里掠夺更多资源。如霸主国在处理各国纷争时会拉拢、包庇较大的国家，以获取它们的支持。又如霸主国在与小国进行外交互动时，会通过改变礼仪的使用标准，以此降低小国的名位，确立其从属国身份。

第五，参与争霸的大国默许某些诸侯国违背规范以获得其支持。这种行为导致霸主国通过自己的权威赋予破坏规范的行为以合法性，消除了规范的意义。同样，很多破坏规范的诸侯国为了避免大国制裁，会向大国表示效忠，或者以经济手段贿赂大国。

这五种大国间的无序竞争阻碍了制度的正常运行，破坏了诸侯国关系和身份认同，在各国间不断造成冲突和仇恨。首先，大国之间由于战争和对抗建立敌对身份。小国被大国反复争夺，不归服于大国就会被军事威胁甚至攻打，生存状态不断恶化。小国归服于竞争中的一方，则成为另一方的对手。因此，小国对参与竞争的大国是痛恨和厌恶的，华夏诸侯国的集体认同不断瓦解，不信任和冲突不断增多。其次，大国疲于争霸并逃避提供公共产品，小国不断受到共同体外敌人的攻击。面对大国以武力相威胁，小国只能在大国之间反复倒戈以转嫁战争成本。由于春秋"国际制度"无法正常运转，各国对制度和霸主国失去信任和尊重，而霸主国也把小国当作争霸的工具，这些都导致尊卑有序的规范不断消失。各国不抵御"四夷"等外敌，反而利用强大的外敌相互争斗，如齐国和秦国都曾经借楚国打压晋国。这也导致了华夏诸侯国集体身份的消失。最后，小国不再尊重大国，大国不再尊重霸主国，社会地位所承载的荣誉、影响力、声望等利益不断下降，这意味着观念收益的下降。随着维护规范的物质成本不断上升，违反规范的行为成为一种普遍行为。既然小国并未真心尊重、维护霸主国的地位，大国之间对小国的争夺就变得没有收益，那么争霸战争的成本自然会越来越高。在观念收益微小、物质成本巨大的规范和制度面前，各国只能选择放弃规范和制度。所有互动都赋予权力新的意义，即生存的手段，此时诸侯国之间安全困境的现象愈发严重。

广义来说，当国际制度内国家为争夺国际制度所承载的利益而竞争时，采取的客观上破坏制度或各国长远利益的竞争方式，即国际制度内无序竞争现象。例如，第二次世界大战结束后，美苏两国竞争国际社会领导权，双方在联合国内的一系列竞争性互动导致联合国框架下的安全合作受阻，使联合国安理会等机构难以发挥应有作用。

为了从历史现实的角度对无序竞争的理论观点予以验证，特别为解释春秋时期大国争霸现象、合作规范退化和安全制度瓦解现象，在此提出以下假定和假设：

假定：国际体系中存在一个较高社会化水平的国际制度，制度内成员内化了合作规范，制度的领导地位为大国争夺的核心利益，各国实力相近且无法就该利益竞争达成协议。

假设1：当违背规范的竞争方式的效率高于为制度内各国做贡献的竞争方式时，大国采取违背规范的竞争方式。

假设2：违背规范的竞争方式将导致规范退化。

为了证实或证否以上两个假设，第五章会分析春秋"国际制度"发展的历史过程，针对以上假设的具体逻辑提供充足的史料予以论证。证实或证否以上两个假设所需要参照的史料标准如下：

对于假设1，我们需要考察并分析制度中大国如何选择竞争方式。为制度所做贡献的竞争方式主要是提供公共产品，而制度所需的主要公共产品是各国间的安全互助和友好关系。相反，无序竞争是消极对待或逃避提供公共产品，不断破坏各国友好关系，阻碍制度良好运转。具体要观察大国是否有以下行为：（1）面对外敌侵犯，大国是尽力阻挠并消除其侵犯意愿或能力，还是纵容外敌，甚至借外敌之力攻击竞争对手。（2）大国是否在竞争的过程中以武力威胁、军事入侵等手段胁迫小国服从，大国之间是否以战争手段竞争领导地位。

对于假设2，我们主要观察违背规范的竞争行为所导致的后果，特别是合作制度的三个主要规范是否退化。

针对规范一：各国应相互帮助而不是相互伤害。判断其退化的标准为：无序竞争是否使"兄弟"各国集体身份丧失，各国之间的冲突和仇恨是否不断增多，形成对手甚至敌人身份，安全困境的现象开始出现。

针对规范二：各国共同应对外部威胁。判断其退化的标准为：在外敌和共同体成员之间，各国是否不再以共同体的集体身份作为决策依据，共御外敌的现象是否变得非常少，与外敌合作的互动是否频繁发生。

针对规范三：各国之间尊卑有序。判断该规范退化的标准为：霸主国是否依旧拥有威信、威望，小国是否因霸主名位和威望而跟从霸主国。霸主国是以保护小国、援助小国为责任和义务，还是把制度变为自己的私有工具来压迫小国。霸主名位的意义是否随着规范的退化不断消失，导致霸主国不再得到小国的尊敬和顺服，因此放弃名位争夺。

第五章　合作制度中的无序竞争过程

本章主要运用春秋史料来证明：华夏诸侯国共同体内存在大国为了霸主名位而以违背规范方式进行竞争的现象，这种现象导致规范退化和制度瓦解。本章会总结无序竞争的具体实施方式和策略，讨论竞争如何导致诸侯国关系转化为不信任甚至对抗的性质，以及如何瓦解决策者对礼乐文化的认同。

首先，分析无序竞争出现的条件：存在一个较高社会化的"国际制度"。各国内化了规范，领导地位为大国争夺的核心利益，大国实力相近且无法就竞争达成长久协议。需要针对这些条件找出无序竞争现象出现的时期，确定其主要推动者。

其次，以春秋史实论证无序竞争现象出现、发展、消亡的过程。通过对这一过程的分析，证实大国之间争夺霸主地位的互动关系，并找出大国使用哪些具体的竞争手段和策略。在梳理过程中，分析使用这些手段和策略的具体原因，确定这些无序竞争方式是否是当时合作制度内各国的主要互动方式，且为什么是不可避免的互动方式。

最后，本章分析无序竞争现象是如何导致合作规范的退化的。针对大国采取的具体的无序竞争实践，从史实的角度证明这些具体实践是如何破坏相关规范，瓦解各国集体认同，最终导致制度失效的。

制度内竞争与春秋时期国际规范退化

第一节　无序竞争出现的时期与条件

春秋时期，仅有齐、晋两国建立了成员广泛的、实践合作规范的制度。① 齐国从公元前679年鄄地会盟时开始称霸，其主导的制度一直持续到公元前643年。② 该制度集合了周、齐、鲁、宋、卫、郑、陈、许、曹等国③，取得尊王攘夷、存邢救卫的成就。在同一时间段里，晋国、秦国都没有与齐国争霸的实力和条件。晋国在这一时间段处于由小国向大国成长的过程。公元前678年，曲沃武公才被周天子策命为晋国国君，建立了"一军"的兵力。④ 晋国在公元前661年灭耿国、霍国、魏国，在公元前655年灭虞国和虢国。秦国由于晋国的阻隔，很难向中原扩张影响力，处于与晋国的矛盾纷争中。秦国想利用晋公子夷吾控制晋国与公元前645年秦晋之战是双方矛盾的典型体现。⑤ 针对齐国主导合作制度的现象，周王室作为制度的象征试图破坏齐国的领导权，加强自身在制度内的地位。如周王室曾要求郑国、晋国脱离齐国的领导。⑥ 由此可见，无序竞争逻辑在齐国称霸时就已出现，但周王室因为实力太弱，难以对齐国展开全面竞争。

晋国在公元前632年践土之盟时建立了合作制度，从制度所集合的资源来看，齐、秦、楚、晋四个大国中有三个（齐、秦、晋）参与了该制度，⑦ 和平、

---

① 吴国和越国未能建立真正意义上的合作制度，它们兴起时，合作规范已经退化完毕，案例证明部分会针对吴、越的争霸行为予以具体分析。
② 杨伯峻编著：《春秋左传注》，中华书局1990年版，第200、375页。
③ 杨伯峻编著：《春秋左传注》，中华书局1990年版，第301、320页。
④ 根据周礼的要求："凡制军，万有二千五百人为军。王六军，大国三军，次国二军，小国一军。"参见《周礼·夏官·序官》。
⑤ 杨伯峻编著：《春秋左传注》，中华书局1990年版，第203、258、311、330—331、351—352、367页。
⑥ 杨伯峻编著：《春秋左传注》，中华书局1990年版，第306、327—328页。
⑦ 杨伯峻编著：《春秋左传注》，中华书局1990年版，第450页。

合作的力量是当时诸侯国体系的主导力量，合作规范也成为主导规范。但该制度自建立之初就没能良好运转，合作规范也不断退化、消亡。

秦、晋、齐、楚这四个大国中有无序竞争的参与者，也有合作制度的颠覆者。无序竞争现象出现的判定标准是大国以争夺霸主名位为目的，又采取客观上颠覆合作制度、瓦解规范的战略。从这个标准来看，齐国和晋国是标准的无序竞争者。晋国是合作制度的建立者，但被迫采取无序竞争方式维护霸主名位。齐国虽然挑战晋国，但一直保持制度一员的身份。齐国参加了很多合作会议和军事行动，但齐国只是消极提供公共产品，甚至在晋楚鄢陵之战时消极提供援军，这些援军没有加入战斗。[1] 秦国具备参与并领导合作制度的身份和意愿：秦国因为帮助周天子而于春秋初年被封为诸侯，之后一直拥戴周王室并与之合作。[2] 秦国在温地会盟时加入晋国领导的合作制度，但之后因挑战晋国而游离于制度之外，在制度成员中的威望不断下降。公元前546年第二次弭兵会盟之后，晋楚之间停止武力对抗，秦国公开挑战晋国的机会也越来越少。

楚国是合作规范的颠覆者，其战略目的是强权扩张。最典型的体现是公元前595年楚国提出齐、晋国放弃合作规范，与楚国一起吞并周边小国。[3] 公元前546年楚国加入合作制度之后，带领制度内小国一起灭亡赖国、陈国并独自灭亡了蔡国。[4]

---

[1] 杨伯峻编著：《春秋左传注》，中华书局1990年版，第890页。
[2] 秦国在秦襄公时因保护周平王而被封为诸侯，参见司马迁《史记》，中华书局2013年版，第228页。鲁桓公四年（公元前708年），秦军、周军一起采取对芮伯的军事行动。鲁僖公十一年（公元前649年），姬带叛乱，秦起兵救援周天子。鲁僖公二十五年（公元前635年），姬带再次作乱，秦出兵救援周天子。参见杨伯峻编著：《春秋左传注》，中华书局1990年版，第102、338—339、431页。
[3] 杨伯峻编著：《春秋左传注》，中华书局1990年版，第755页。
[4] 楚国带领的小国包括蔡、陈、郑、许、徐、滕、顿、胡、沈、小邾、宋、淮夷。公元前529年，楚平王复封立陈、蔡两国。参见杨伯峻编著：《春秋左传注》，中华书局1990年版，第1245—1254、1348页。

第二节　无序竞争的发展过程

从公元前 632 年晋国建立合作制度到公元前 546 年楚国加入该制度,[1] 这一阶段是无序竞争的第一阶段。这一阶段里大国间无序竞争的方式有：第一，消极提供公共产品，积极争霸；第二，借助外敌的力量争霸；第三，用武力争夺小国的支持。

制度建立之初，小国就面临楚国的威胁。根据上文所述，楚是合作制度的颠覆者，其目的是强权扩张和吞并小国。齐国、秦国非但不协助晋国打击楚国，还不断挑战晋国的领导权，齐晋之间、秦晋之间大战不断。这使晋国尽量避免与楚国决战，保存实力应对制度内挑战。齐、秦两国还以武力威逼小国支持自己争霸，甚至拉拢楚国帮助自己争霸。

公元前 612 年至前 596 年，齐国开始讨伐鲁国、曹国、莒国、莱国以获得周边小国的服从。[2] 公元前 572 年，齐国开始抵制晋国召集的合作会议和军事行动，滕国、薛国、小邾国等小国跟从。[3] 公元前 558 年至前 548 年，齐国 6 次攻打鲁国，1 次攻打晋国。[4] 齐国在公元前 591 年和公元前 549 年两次请求楚国出兵攻打制度内国家。[5] 面对齐国的挑战，晋国在公元前 591 年至前 548 年 7 次伐齐。[6]

---

[1] 杨伯峻编著：《春秋左传注》，中华书局 1990 年版，第 449、466、1129—1133 页。

[2] 杨伯峻编著：《春秋左传注》，中华书局 1990 年版，第 613、614、624、677、691、699、710、751 页。

[3] 公元前 573 诸侯各国救援宋国，齐国不参加，公元前 571 年，齐、滕、薛、小邾不参加晋在戚城召开的诸侯会盟，消极对待公元前 559 年诸侯各国进攻秦国的事件和公元前 557 年的溴梁会盟，参见杨伯峻编著：《春秋左传注》，中华书局 1990 年版，第 917、922—923、1008—1010 页。

[4] 杨伯峻编著：《春秋左传注》，中华书局 1990 年版，第 1023、1025、1028、1030、1035、1095、1077 页。

[5] 杨伯峻编著：《春秋左传注》，中华书局 1990 年版，第 784、1091 页。

[6] 杨伯峻编著：《春秋左传注》，中华书局 1990 年版，第 777、786—794、917、1035、1046、1049、1101 页。

公元前630年，秦国考虑到与晋国合作只能加强晋国的霸权，决定阻挠晋国攻打郑国。① 之后秦国又单独攻打郑国、灭亡滑国，向中原拓展势力，对晋国发起挑战。② 秦晋双方在公元前625年至前582年交战十分频繁。③ 公元前564年至前561年，秦国两次攻打晋国，还联合楚国攻打郑国和宋国。④ 面对秦国的压力，晋国在公元前627年败秦师于崤，⑤ 在公元前578年同各诸侯国（齐国、宋国、卫国、郑国、曹国、邾国、滕国）一起朝见周王，之后带领各国与周王的代表一起伐秦，这样做的意图既是要防止齐国在此时挑战晋国，也要求各国积极参与对秦国的讨伐。⑥ 公元前559年，晋国带领鲁国、齐国、宋国、卫国、郑国、曹国、莒国、邾国、滕国、薛国、杞国、小邾国一起讨伐秦国。在这次军事行动中，各国不愿承担军事成本，齐国和宋国还表现得非常消极。⑦

在齐国和秦国的强大压力下，面对楚国侵犯制度内小国，晋国只能试图避免与楚国发生大战。在晋楚双方爆发的两次大战中，晋国都表现得非常消极。公元前597年的邲之战是合作制度建立后，晋楚之间的第一次大战。晋国不愿与楚国交战，积极准备与楚国媾和，在与楚国商定了媾和日期后，楚军却以突袭的方式打败晋军。⑧

这与晋国在建立合作制度前，与楚国进行城濮之战时的态度截然相反。城濮之战前，晋国子犯的表态是"战也！战而捷，必得诸侯。若其不捷，表里山河，必无害也"；晋国先轸的表态是"报施救患，取威定霸，于是乎在矣"；栾

---

① 杨伯峻编著：《春秋左传注》，中华书局1990年版，第479—481页。
② 杨伯峻编著：《春秋左传注》，中华书局1990年版，第494—496页。
③ 杨伯峻编著：《春秋左传注》，中华书局1990年版，第519、529、534、566、575、589、591、651、695、763、846页。
④ 杨伯峻编著：《春秋左传注》，中华书局1990年版，第967、990、994、996页。
⑤ ［汉］司马迁撰：《史记》，中华书局2013年版，第242页。
⑥ 杨伯峻编著：《春秋左传注》，中华书局1990年版，第859—866页。
⑦ 杨伯峻编著：《春秋左传注》，中华书局1990年版，第1004、1008—1010页。
⑧ 杨伯峻编著：《春秋左传注》，中华书局1990年版，第721—743页。

贞子的表态是"汉阳诸姬,楚实尽之。思小惠而忘大耻,不如战也"。① 晋国在求取霸主的战争中表现得非常积极,并认为胜利可以获得霸主名位,如果失败也会因晋国所处的地理环境具有军事防守优势而生存无忧。成为霸主后,晋国对与楚国作战表现得比较消极,害怕与楚国决战而失去强大的军事实力。

公元前575年的鄢陵之战是晋国称霸后,晋、楚两国之间的第二次大战。双方都由于害怕在大战中消耗实力,在交战一天未分胜负的情况下各自罢兵。②

面对楚国频繁攻打制度内小国,晋国只能以攻打背叛制度、投靠楚国的小国的方式来维护华夏诸侯国共同体的完整性。而小国没有承受大国频繁进攻的能力,只能在大国间反复倒戈。

根据《左传》记载,从公元前608年到前597年晋国与楚国的邲之战前,晋国及其同盟攻打郑国5次,楚国攻打郑国8次;③ 郑国与楚国媾和5次,与晋国媾和4次;④ 楚国进攻陈国3次,晋国及其同盟进攻陈国3次;⑤ 陈国与晋国媾和2次,与楚国媾和4次。⑥ 从公元前588年至前575年晋楚鄢陵之战前,晋国及其同盟伐郑6次,⑦ 楚国伐郑3次,⑧ 郑国与晋国媾和2次,与楚国媾和2

---

① [晋]杜预注,[唐]孔颖达正义:《十三经注疏·春秋左传正义》,北京大学出版社1999年版,第447页。
② 杨伯峻编著:《春秋左传注》,中华书局1990年版,第882—890页。
③ 杨伯峻编著:《春秋左传注》,中华书局1990年版,第649、655、668、672、684、686、689、703、708、709、711、718页。
④ 杨伯峻编著:《春秋左传注》,中华书局1990年版,第649、668、689、692、698、708、711、716、721页。
⑤ 杨伯峻编著:《春秋左传注》,中华书局1990年版,第649、687、698、703、711、713页。
⑥ 杨伯峻编著:《春秋左传注》,中华书局1990年版,第649、687、698、711、713、714—716页。
⑦ 杨伯峻编著:《春秋左传注》,中华书局1990年版,第812、819、844、848、849、879页。
⑧ 杨伯峻编著:《春秋左传注》,中华书局1990年版,第830、833、873页。

次。① 蔡国被晋国攻打2次，② 许国被郑国侵袭5次。③ 从公元前575年鄢陵之战到公元前546年第二次弭兵会议前，晋楚双方争夺小国的战争依旧十分密集，郑国、陈国和宋国都遭到了非常频繁的争夺。

这一切都因为晋国和齐国的争霸导致的春秋"国际制度"无法提供充足的公共产品，晋国不愿同楚国爆发重大战役。晋国明确知道小国遇到的困境和自己的错误行为：公元前563年，鲁国、宋国、卫国、晋国、曹国、莒国、邾国、齐国、滕国、薛国、杞国和小邾国联合讨伐郑国，压迫郑国求和。郑国先是与晋国进行媾和。等到楚军来救援郑国时，郑国又与楚国结盟。晋国荀罃知道后说："我实不能御楚，又不能庇郑，郑何罪？不如致怨焉而还。今伐其师，楚必救之。战而不克，为诸侯笑。克不可命，不如还也。"于是退兵，楚国继而也退兵。④

频繁的战争导致各国疲敝，晋国已经意识到如果继续带领各国反复征战可能造成制度崩溃。公元前562年，晋国表示，诸侯国往来疲乏而没有成效，能对晋国没有二心吗？⑤ 同时，晋国开始频繁要求小国朝聘以得到经济支持，朝聘的财物价值巨大。⑥

第一阶段无序竞争的特点是诸侯国之间非常频繁的战争现象，既包括制度内大国之间为了争夺霸主地位而进行的战争，也包括大国为了获得小国支持而对其发动的战争。由于晋国与齐国、秦国之间争夺霸主地位的矛盾，加之该制度没有足够的军事资源来抵御楚国的侵犯，楚国对制度内小国频繁发动战争。而小国在晋、楚国之间的反复倒戈，反过来也造成晋、楚两国对小国的频繁战争。整个诸侯国体系内，各国互动的成本变得非常高昂，其中，霸主国承受了

---

① 杨伯峻编著：《春秋左传注》，中华书局1990年版，第823、849、843、879页。
② 杨伯峻编著：《春秋左传注》，中华书局1990年版，第830、838页。
③ 杨伯峻编著：《春秋左传注》，中华书局1990年版，第813、819、838、846、870页。
④ 杨伯峻编著：《春秋左传注》，中华书局1990年版，第973、981—982页。
⑤ 杨伯峻编著：《春秋左传注》，中华书局1990年版，第989—990页。
⑥ 杨伯峻编著：《春秋左传注》，中华书局1990年版，第955、1089页。

巨大的战争成本，这来自制度内和制度外大国的共同压力。因此，霸主国和小国都希望改变这种状态。

从国际关系学学理的角度看，这是一种非常特殊的现象：抵御外敌的大决战无法出现，但打击弱小同盟国的小规模军事冲突极其频繁。

礼乐仪式及其承载的规范成为这种现象能够维持的核心变量：战争结束的规则和有限战争的规则。小国向晋国投降，再向楚国投降，如果诸侯把宗庙之器反反复复献给自己的霸主和外敌，这种耻辱和痛苦深深刺痛所有参加投降仪式的诸侯的内心。霸主国已经认为自己对不起小国，无力改变这种不能全力相助，又不能放任的局面，默认了自己的竞争策略在道德上的失误。其他诸侯作为仪式的参加者以及观众，体验着合作制度的低效率、霸主国非本意的恶和作为小国的无奈与无助。这也是一种非常特殊的政治仪式，通过此种实践和展示，仁、义和宗亲相助这些价值观与仪式脱离。仪式的举行反而成为礼乐规范失去意义的过程，这样的仪式越多，规范就会越快消亡。这就是孔子所说的礼崩乐坏现象。

公元前546年第二次弭兵会盟至公元前496年反晋国集团形成是无序竞争的第二阶段，主要表现在晋国和齐国之间。晋国实施了以下两个战略与齐国竞争：

第一，晋国决定把楚国拉进华夏诸侯国共同体的合作制度。晋国希望通过给予楚国共同体一员的身份和大国地位的认可，以换取楚国的合作，方便集中力量应对齐国的挑战。晋国如果继续与楚国争夺小国会把自己和制度拖垮，而与楚国决战却会使齐国得到竞争优势。因此，晋国只能把楚国这个"蛮夷"国家拉进制度之中。

公元前546年，晋国同意楚国加入合作制度，给予楚国近似于晋国的地位。[①] 晋国仍然以霸主自居，其认为楚国是制度、规范的颠覆者，不可能建立

[①] 杨伯峻编著：《春秋左传注》，中华书局1990年版，第1129—1133页。

威信而取代晋国的霸主名位。① 晋国的这一做法换来晋、楚两国之间一段时期的和平，但是由于楚国并未深刻内化华夏诸侯国的规范，其战略利益绝非取得较高的地位，而是不断扩展版图或把小国纳为属国。

楚国的加入使合作制度遭到极大破坏。首先，小国需要朝聘晋、楚两个大国，这使小国苦不堪言。② 其次，楚国仍然挟持小国相互攻伐，小国成为楚国的战争工具和宰割对象。公元前538年，楚国带领制度内小国攻打吴国，并灭了赖国。③ 公元前534年楚国和宋国灭了陈国，公元前531年楚国灭了蔡国。④ 面对楚国灭亡同盟的行为，晋国只是召开了会议讨论，却没有出兵讨伐，晋国已不愿再陷入同时应对楚齐两个大国的局面。

第二，晋国与楚国达成协议后，最大的强敌被纳入制度之内，晋国无法通过攘夷的行为巩固自己的名位，其威信又因对楚国侵略小国的不作为而下降。面对齐国的挑战，晋国开始将合作制度转化为服务于自己的霸权制度。晋国希望通过这样的行为建立小国对晋国的效忠关系，巩固小国的服从，以此与齐国进行争霸。

首先，在处理与小国间矛盾时，晋国偏袒较大的国家。鲁国是晋国和齐国争夺的重要诸侯国。公元前569年，晋国同意鲁国把鄫国纳为属国。⑤ 这直接造成鄫国周边的莒国、邾国对鲁国的战争和鄫国的灭亡。⑥ 莒国和邾国在公元前537年至前519年，多次向晋国控诉鲁国的欺凌，而晋国都包庇了鲁国。

---

① 晋同意楚王主持会盟，因为其认为各国服从晋国的德行，且小国也可以主持会盟，可以把楚当作相对于晋的小国来看。参见杨伯峻编著：《春秋左传注》，中华书局1990年版，第1132、1133页。
② 杨伯峻编著：《春秋左传注》，中华书局1990年版，第1142—1143页。
③ 这些诸侯国包括蔡、陈、郑、许、徐、滕、顿、胡、沈、小邾、宋、淮夷。参见杨伯峻编著：《春秋左传注》，中华书局1990年版，第1245—1254页。
④ 公元前529年，楚平王复封立陈、蔡两国为属国。参见杨伯峻编著：《春秋左传注》，中华书局1990年版，第1304、1322、1348页。
⑤ 杨伯峻编著：《春秋左传注》，中华书局1990年版，第935页。
⑥ 公元前565年、563年、561年、559年鲁莒之间都有战争。参见杨伯峻编著：《春秋左传注》，中华书局1990年版，第940、947、956、979、996、1005页。

公元前537年，鲁国得到了莒国叛乱者牟夷提供的防和兹两块土地。莒国因此向晋国控诉鲁国，而晋国并没有讨伐鲁国。[1]

公元前529年，莒国、邾国向晋国控诉鲁国的入侵，而晋国依旧包庇鲁国。针对这件事，鲁国对晋国提出："霸主应该赏赐与自己有共同利益的诸侯国，惩罚反对自己利益的诸侯国。鲁国没有晋国的支持也可以投靠别的大国。"[2] 公元前519年，鲁国歼灭邾国军队，邾国向晋国控诉鲁国的行为，晋国先是拘禁了鲁国的叔孙诺，但在第二年又将其释放，晋国认为如果恶化和鲁国的关系，支持晋国的诸侯国就更少了。[3]

其次，晋国在礼仪上卑贱小国，谋求建立等级式的从属关系。这实际上使晋国无法得到小国的效忠和长期跟随，造成小国对霸主国的失望，因为这是通过违背规范的强迫手段实施的。公元前539年，晋平公姬妾死，要求小国去晋国吊唁、送葬。[4] 郑国子大叔认为："将得已乎！昔文、襄之霸也，其务不烦诸侯，令诸侯三岁而聘，五岁而朝，有事而会，不协而盟。君薨，大夫吊，卿共葬事。夫人，士吊，大夫送葬。足以昭礼、命事、谋阙而已，无加命矣。今嬖宠之丧，不敢择位，而数于守适，唯惧获戾，岂敢惮烦？"张趯说："此其极也，能无退乎？晋将失诸侯，诸侯求烦不获。"[5] 公元前534年，晋国建成虒祁宫殿，要求各国朝贺，"诸侯朝而归者，皆有贰心"。[6] 公元前502年，晋国提出只能把卫国作为晋国属地一样对待。[7]

最后，晋国以武力胁迫小国服从。晋国发现小国有了脱离意愿后，于公元

---

[1] 杨伯峻编著：《春秋左传注》，中华书局1990年版，第1270、1277页。
[2] 杨伯峻编著：《春秋左传注》，中华书局1990年版，第1270、1277、1357、1361—1362、1441—1442、1451页。
[3] 杨伯峻编著：《春秋左传注》，中华书局1990年版，第1441—1442、1451页。
[4] 杨伯峻编著：《春秋左传注》，中华书局1990年版，第1230、1233页。
[5] 杨伯峻编著：《春秋左传注》，中华书局1990年版，第1232—1233页。
[6] 杨伯峻编著：《春秋左传注》，中华书局1990年版，第1302、1353页。
[7] 杨伯峻编著：《春秋左传注》，中华书局1990年版，第1566—1567页。

前529年连续两次阅兵以震慑各国。① 此时的合作制度中，小国需要争相对晋国示好，对晋国给予大量财物支持，却仍无法得到安全保证，还要忍受其他实力较强的诸侯国的侵犯。虽然这一阶段的礼乐活动（外交仪式）特别频繁，但这些仪式都变成大国和小国利用与被利用的道具，卫国这样的核心诸侯国在外交场合被辱为属地的地位，小国对霸主国已经有了脱离之心，晋国只能以阅兵威慑的方式来维持小国的服从。

当霸主国违背礼乐，违背仁义的时候，是否有诸侯国，特别是大国组成反对霸主联盟，夺取霸主的名位，纠正晋国对制度的歪曲？在晋国放下楚国这一战略包袱后，齐国不敢轻易发动大战来挑战晋国。而是采取伺机而动的战略。公元前530年和公元前529年，齐国看到小国普遍对晋国表现出离心倾向，两次向晋国表示要争夺霸主名位。② 但由于之前长期的无序竞争行为，齐国周边的小国对它早已产生仇恨，齐国很难单独挑战晋国通过拉拢、威慑建立起来的"合作制度"。

第二阶段无序竞争过程的主要特征是晋国对制度的歪曲。晋国在第一阶段中还承担不少责任，一定程度上抵御楚国侵犯各诸侯国的行为。随着时间的推移，楚国的巨大压力使晋国逐渐放弃了霸主的责任，对楚国的绥靖只是一时缓解了晋国的压力，楚国虽然被宣布成为制度中具有较高地位的一员，却通过欺侮小国、灭亡小国不断扩充实力。制度瓦解的一个主要原因是晋国把制度"私有"，合作原则由各国友好互助、抵御外敌逐渐变为效忠于晋国，为晋国服务。晋国无法通过维护规范、打击楚国的方式维护自身的地位，只能利用霸主对制度的管理权拉拢部分小国，同时牺牲其他小国利益，或者通过军事威胁的手段维护制度存在。

---

① 杨伯峻编著：《春秋左传注》，中华书局1990年版，第1353—1357页。
② 杨伯峻编著：《春秋左传注》，中华书局1990年版，第1332—1333、1354页。

第三节　无序竞争造成规范退化的具体机制

长期的无序竞争造成合作规范不断退化，制度基本瓦解。这里的瓦解和规范退化达到以下程度：霸主名位意义的丧失；各国之间的互助行为被认为是错误的，是在加强竞争对手或潜在竞争对手；制度成为服从和欺凌的工具，小国没有继续参与大国发起的合作制度的意愿。也就是说，由西周建立的、虽被传承但同时也在衰微的治理模式不再被各国认同。在这一时期，权力威慑和土地扩张成为诸侯国的主要利益认知。

第一，无序竞争使合作制度的基础——集体身份丧失，朋友身份向敌人身份转化。规范一：各国应相互帮助而不是相互伤害不断退化。

首先，无序竞争造成大国间以征伐、颠覆等手段互动。如齐国、晋国之间频繁发生冲突，甚至出现齐国协助晋国叛臣栾氏颠覆晋国、两国之间爆发多次直接的争霸战争等现象。[1] 这些冲突逐渐塑造了大国间的敌人身份。仅在公元前591年至前548年，晋国与齐国为了争夺霸主地位就爆发了7次战争。[2] 除了直接的战争外，齐国、晋国之间还通过其他违背互助规范的方式争霸。最典型的是在晋国栾氏造反后，晋国多次召集各诸侯国开会，要求各国不能接纳出逃的栾盈，但齐国依然收留了他，并利用他发动颠覆晋国的内战，[3] 伺机攻打晋国和卫国。大国间以征伐、颠覆等手段互动，必然导致敌对身份的不断建构。安全共同体理论认为，共同体建设的第一个核心规范就是放弃使用武力或以武力相威胁，[4] 因为这样会瓦解各国的集体身份。而春秋大国之间的争霸正是对

---

[1] 杨伯峻编著：《春秋左传注》，中华书局1990年版，第1073—1076页。
[2] 杨伯峻编著：《春秋左传注》，中华书局1990年版，第777、786—794、917、1035、1046、1049、1101页。
[3] 杨伯峻编著：《春秋左传注》，中华书局1990年版，第1073—1076页。
[4] ［美］阿米塔·阿查亚著，王正毅译：《建构安全共同体：东盟与地区秩序》，上海人民出版社2004年版，第21—29页。

共同体身份的破坏,通过冲突性互动向敌人身份建构。

其次,由于大国的反复争夺,小国对大国产生了怨恨。大国反复以武力强迫小国服从,小国在进行争霸的大国之间反复摇摆,承受大国的频繁攻打和不当要求,这种互动不断地在小国和大国之间建构敌对身份。

例如,公元前610年,郑国向晋国表示,在郑文公二年(公元前672年)的时候,郑国需要服从齐国,到了郑文公四年(公元前670年),郑国在齐国的要求下攻打蔡国。同时,郑国在楚国的压力下又被迫服从于楚国。郑国居于大国之间,屈从于大国的压力,这难道是郑国的罪过吗?郑国现在已经对晋国唯命是从了,而晋国还不不能满足。这样下去等待郑国的只能是灭亡。[①]

这一时期,小国频繁被大国攻打和欺凌,对大国已经产生了仇恨。安全共同体内各国间冲突应当受到规范限制,而晋国作为领导国却公然提出破坏信任关系的要求:公元前589年,晋国打败了齐国,要求齐国把田垄全部朝东,以方便晋国兵车伐齐,齐国以晋国不顾百姓农耕的需要、只顾讨伐齐国方便为由,指责晋国违背规范、不树立道德。鲁、卫两国也劝说晋国放弃这种要求。[②] 此后仅仅经过三十多年的无序竞争,鲁、卫、莒等国对齐国的仇恨已经积累到一定程度。最典型的表现是公元前555年晋国出兵讨伐齐国,鲁国和莒国这两个齐国的邻都请求带一千辆战车参战,这种规模的军事力量是两国军队的主力,表现出极尽全力打垮齐国的意愿。在晋国领导的各国取得对齐作战胜利的情况下,鲁国和卫国请求继续深入齐国境内作战,尽可能削弱齐国,防止齐国再次攻打周边小国。[③] 这一事件表现出小国对大国的仇恨、恐惧和不信任。这一时期,如果齐国能够再次成为霸主,其权威性、合法性可想而知。

制度内存在的最重要的规范是共同生存,特别是有限战争/有序战争。

---

① 杨伯峻编著:《春秋左传注》,中华书局1990年版,第625—627页。
② 杨伯峻编著:《春秋左传注》,中华书局1990年版,第797—799页。
③ 杨伯峻编著:《春秋左传注》,中华书局1990年版,第1035—1040页。

尽可能削弱齐国这个华夏共同体中地位较高的诸侯国，是小国的无奈之举。也是有限战争/有序战争这一规则将要消失的体现。战争的目的不再是规训与服从，不再是威望和追随，而是消除致命危险，这体现了小国对大国的愤恨和恐惧。

最后，由于小国需要跟从大国攻伐，加之大国在处理小国间矛盾时采取不公正的做法，小国之间的仇恨也不断积聚。小国跟从大国攻伐的现象主要是晋国领导其他各国讨伐不服从晋国的小国。制度外的楚国为了势力扩张，经常要求小国跟随其作战，包括拉拢、要挟华夏小国对其他华夏诸侯国发起战争。在楚国扩张的过程中，晋国和齐国为了保存实力，不愿意为华夏诸侯各国提供充足的公共产品，没有联合起来彻底击败楚国。小国被动卷入大国间的无序竞争中，通过冲突性互动不断建构敌对身份。

如公元前548年，郑国讨伐陈国两次，因为郑国痛恨之前陈国跟随楚国攻击郑国。[①] 又如公元前547年，许灵公请求楚国伐郑，因为郑国跟从晋国多次攻打许国，许灵公说："师不兴，孤不归矣！"[②] 到了公元前504年，郑国灭亡许国。[③] 这些典型案例反映出小国间的仇恨已经积累到极限。

霸主国为了拉拢较有实力的小国，常常违背规范和制度安排，在处理小国间矛盾时偏袒一方。这导致小国对霸主国和制度失去信心，也激化了小国之间的矛盾。郑国、莒国都因为鲁国依仗晋国来欺凌它们而感到痛恨。[④]

随着合作规范的不断退化，典型的安全困境开始出现，意味着诸侯国之间缺乏信任，友好互助规范已经失去适当性逻辑的作用，各国之间已经相互认同为对手。此时的春秋诸侯国体系中，郑国和宋国这两个共同体的核心成员之间出现了典型的安全困境：

---

① 杨伯峻编著：《春秋左传注》，中华书局1990年版，第1102—1106页。
② 杨伯峻编著：《春秋左传注》，中华书局1990年版，第1123页。
③ 杨伯峻编著：《春秋左传注》，中华书局1990年版，第1555页。
④ 杨伯峻编著：《春秋左传注》，中华书局1990年版，第1357页。

在公元前488年，宋国攻击曹国，郑国桓子思说："宋人有曹，郑之患也。"于是为出兵救援曹国，郑国入侵宋国。宋国对此并不罢休，于第二年出兵灭了曹国。① 证明宋国与郑国之间安全困境的第二个例子是两国之间的土地争夺。郑国和宋国之间有一块没有归属的土地，由于合作制度能够保障两国的安全，两国决定共同使用这块土地。到了春秋末期，随着合作规范的不断退化，两国开始将这块土地认知为重要利益，并且是零和性质的利益，已经达成的联合使用的协议被破坏，两国为争夺这块土地多次交战。②

第二，大国非但不保护小国免受外敌欺凌，反而借助外敌进行无序竞争，导致共同应对外部威胁的规范没有了意义。这种大国借助共同体之外的敌对力量争夺领导权的方式极大破坏了集体身份。敌对大国的主要目的是势力扩张，为此不惜灭亡他国，对共同体成员造成较大威胁，尤其是小国。大国工具性地利用这些敌国攻打华夏诸侯国，这种行为是在把自己建构为敌人，导致"兄弟"互助身份逐渐瓦解，体系内所有诸侯国都被认知为敌人或可以利用的工具，小国也开始利用外敌抗衡霸主国。

大国或霸主国不保护小国的最典型案例发生在公元前564年，晋国带领各国讨伐郑国，因为郑国在晋楚两国之间反复倒戈。面对晋国的讨伐，郑国只能屈服。在郑国重新加入合作制度的会盟上，晋国提出郑国需要对晋国唯命是从。郑国提出晋国必须保证郑国的安全，晋国却表示难以做到。③ 晋国既不愿意为小国提供可靠的安全保障，又要求小国承担被楚国入侵的成本，甚至面对被楚国吞并的风险。面对大国不提供安全保障，小国只能在外敌来伐时顺服，向"蛮夷"投降，对华夏诸侯国身份是很大的损害。正如郑国在公元前598年楚国来伐时表态："晋楚两国以武力争夺小国而没有信用，我们也可以没有信

---

① 杨伯峻编著：《春秋左传注》，中华书局1990年版，第1644、1646页。
② 杨伯峻编著：《春秋左传注》，中华书局1990年版，第1673页。
③ 杨伯峻编著：《春秋左传注》，中华书局1990年版，第968—969页。

用。"① 根据《左传》记载，仅从公元前 608 年到前 597 年，面对晋国、楚国的反复争夺，郑国与楚国媾和 5 次，与晋国媾和 4 次。② 同一时期，楚国进攻陈国 3 次，晋国及其同盟进攻陈国 3 次。③ 陈国与晋国媾和 2 次，与楚国媾和 4 次。④ 长时间归服于外敌，频繁对共同体背叛导致小国的华夏诸侯国身份消失。

第三，无序竞争使小国的生存状态日趋恶劣。规范三，诸侯国之间尊卑有序被视为大国欺压、奴役小国的借口。公元前 545 年，郑国子产把合作规范中的尊卑有序规范说成是大国欺压小国的灾祸。⑤ 公元前 551 年，面对晋国提出的关于朝贡的要求，郑国表示"不朝之间，无岁不聘，无役不从。以大国政令之无常，国家罢病，不虞荐至，无日不惕，岂敢忘职？大国若安定之，其朝夕在庭，何辱命焉？"⑥ 公元前 584 年，面对吴国征伐郯国。鲁国季文子说："中国不振旅，蛮夷入伐，而莫之或恤，而吊者也夫！"⑦ 季文子说的"这是因为没有善者"是不承认当时晋国的霸主名位，晋国根本没有尽到责任。

第四，无序竞争带来的成本问题也是合作规范退化的原因之一。为了竞争霸主地位，大国之间相互攻伐，并以武力争夺小国。霸主国还要与制度外强敌频繁争夺小国，这些频繁战争的成本使霸主国感到疲惫不堪，转而希望放弃责任，建立以自己为中心的强权制度，以威慑的方式维持制度，以控制、剥削小国的方式获得政治影响力。而小国遭受长期的战乱，生存状况恶劣。这一切都导致各国对运转不良的合作制度产生厌恶。

---

① 杨伯峻编著：《春秋左传注》，中华书局 1990 年版，第 711 页。
② 杨伯峻编著：《春秋左传注》，中华书局 1990 年版，第 649、668、689、692、698、708、711、716、721 页。
③ 杨伯峻编著：《春秋左传注》，中华书局 1990 年版，第 649、687、698、703、711、713 页。
④ 杨伯峻编著：《春秋左传注》，中华书局 1990 年版，第 649、687、698、711、713、714—716 页。
⑤ 杨伯峻编著：《春秋左传注》，中华书局 1990 年版，第 1144—1145 页。
⑥ 杨伯峻编著：《春秋左传注》，中华书局 1990 年版，第 1065—1067 页。
⑦ 杨伯峻编著：《春秋左传注》，中华书局 1990 年版，第 832 页。

第五，霸主名位和争霸行为的意义消失。长期的无序竞争使合作规范退化殆尽。霸主名位的意义随着规范的退化不断消失，霸主国不再能得到小国的尊敬和顺服。霸主名位所承载的利益的消失使大国放弃了对名位的争夺。同时，大国在无序竞争的过程中学会以战争和威慑建立强权秩序，这也导致礼乐文化下的霸主意义的消失。

最典型的体现是齐国在公元前503年至前496年组织的反对晋国的集团。这并不是另一个合作制度的开端，这个团体不强调认同和名分，也没有提出任何合作主张，其目的是消除晋国建立强权制度的能力：公元前504年，周敬王因为儋翩作乱而出逃，郑国趁机攻打周国。第二年，齐国与郑国结盟，开始建立反对晋国的集团，并对周天子遇到的叛乱不予理睬。之后，宋、卫、鲁等国纷纷加入。[1] 但此时的齐国已经没有能力和意愿再建立合作制度，奉行以武力控制他国的政策，而不是竖起尊王攘夷的大旗。反晋国集团在晋国范氏、中行氏叛乱结束后就自行瓦解。而齐国的周边邻国宁可利用新崛起的吴国的权力处理相互之间的矛盾，也不愿受齐国控制。[2]

由于合作规范退化殆尽，此后的春秋末期至战国时期再也没有真正实践合作规范的制度出现。吴国、越国虽然在此后权力膨胀，但此时诸侯国体系的政治环境已经恶化，难以为稳定的合作提供基本的信任前提。

公元前482年，晋、吴两国在黄池会盟以争夺霸权。会盟的参加者仅有晋国、吴国、鲁国和周天子的代表。晋、吴两国以军事力量争高下，没有提出任何促进各国合作的倡议。[3] 越王勾践于公元前473年灭亡吴国，之后受周元王锡命为伯。越国与齐、晋等国会盟，要求各国尊崇周王室。[4] 但越国对公元前

---

[1] 关于反对晋国集团的建立过程，参见杨伯峻编著：《春秋左传注》，中华书局1990年版，第1558、1559、1561、1574—1575、1578、1584、1596、1607、1617、1619、1628、1630页。

[2] 杨伯峻编著：《春秋左传注》，中华书局1990年版，第1643、1647—1650、1655页。

[3] 杨伯峻编著：《春秋左传注》，中华书局1990年版，第1676—1679页。

[4] 司马迁：《史记》，中华书局2013年版，第2095页。

472 年晋国与齐国的战争,以及公元前 468 年晋国与郑国之间、晋国与齐国之间的战争没有明确的干预。[①] 在此后的战国历史中,越国也没有做出显著促进各国合作的努力。

至此,本章总结的大国间无序竞争导致规范退化的五个方面符合证实"假设 2:违背规范的竞争方式将导致规范退化"的标准:

针对规范一:各国应相互帮助而不是相互伤害,判断其退化的标准是无序竞争是否使各诸侯国集体身份丧失、冲突和仇恨不断增多,形成对手甚至敌人身份,安全困境的现象开始出现。

针对规范二:各国共同应对外部威胁,判断该规范退化的标准是,在外敌和共同体成员之间,各国是否不再以集体身份作为决策依据,共御外敌的现象是否变得非常少,与外敌合作的互动是否频繁发生。

针对规范三:各国之间尊卑有序,判断该规范退化的标准是霸主是否依旧拥有信任和威望,小国是否因此跟从霸主。霸主是否以保护、援助小国为责任和义务,或是把合作制度变为自己的霸权制度来压迫小国。霸主名位的意义是否随着规范的退化而不断消失,不再得到小国的尊敬和顺服,大国是否放弃了对霸主名位的争夺。

第四章第三节提出的证实"假设 1:当违背规范的竞争方式的效率高于为制度内各国做贡献的竞争方式时,大国采取违背规范的竞争方式"的主要标准是大国为了争夺霸主名位而放弃提供有效的公共产品(主要是安全领域的公共产品),不断破坏各国友好关系,阻碍制度良好运转。具体需要考察大国以下行为:(1)面对侵犯华夏诸侯国的外敌,是否尽力阻挠其侵犯,消除其侵犯意愿或能力;是否纵容外敌,甚至借外敌之力攻击竞争对手。(2)大国是否在竞争的过程中以武力威胁、军事入侵等手段胁迫小国服从,大国之间是否以战争手段竞争领导地位。

---

① 杨伯峻编著:《春秋左传注》,中华书局 1990 年版,第 1721、1733—1735 页。

通过本章对春秋史料的分析可知，在晋国建立合作制度后，晋、齐、秦三国为了争夺领导地位，相互之间爆发了多次大战。包括晋国在公元前591年至前548年7次伐齐，[①] 其中公元前589年和前555年的讨伐是两次较大的战役。晋国与秦国在公元前627年、[②] 公元前578年、[③] 公元前559年都发生了较大的战役。[④] 而秦、楚之间，齐、楚之间鲜有战争爆发。晋国在邲之战和鄢陵之战中都表现出不愿进行决战的态度。齐、秦两国基本没有以对抗楚国的方式去赢得领导地位，而晋国主要以战争打击齐、秦两国来维护霸主名位。齐国、秦国联合楚国挑战晋国，也是为了借助楚国巨大的军事实力提高自身的竞争力。另外，秦、齐两国以攻打小国来获取小国支持的竞争现象非常普遍，而晋国建立合作制度后，春秋历史中鲜有齐国、秦国主动为小国提供援助的记载。

以上分析证明，至少在晋国主导的合作制度时期，大国选择了违背规范的方式竞争霸主名位。参与争霸的大国无视规范要求，而是选择更有效率的方式进行竞争。

[①] 杨伯峻编著：《春秋左传注》，中华书局1990年版，第777、786—794、917、1035、1046、1049、1101页。
[②] [汉] 司马迁撰：《史记》，中华书局2013年版，第242页。
[③] 杨伯峻编著：《春秋左传注》，中华书局1990年版，第859—866页。
[④] 杨伯峻编著：《春秋左传注》，中华书局1990年版，第1004、1008—1010页。

第六章 礼乐征伐自诸侯出
——古典话语再阐释

无序竞争是春秋时期诸侯国合作规范退化的核心逻辑。而具体规范消退的微观机制是各国对仪式的错误使用,是无序竞争这一宏观动力导致的在各种场合、情境下一次次出现的礼崩乐坏。因此,如果要对诸侯国规范退化有更为深入的分析和理解,我们还需要把无序竞争的理论与古典政治哲学话语结合起来考察。着重考察诸侯国对礼乐的错误阐释和实践(误用)如何对规范产生负面影响。希望通过本章的分析,将无序竞争导致仪式误用这一逻辑发展为上行下效、名实不符、礼崩乐坏和礼乐征伐自诸侯出等古典政治哲学话语的国际关系学表达。作为现代社会科学,国际关系学认为上述古典话语涉及的研究内容跨越不同学科和理论范式,需要从中提炼研究变量,之后再对其进行历史验证。古典政治哲学话语以古人的思维方式还原历史的逻辑,是历史语境中的解释。而部分现代理论对礼崩乐坏的解释,是用理论框架削切历史的内在逻辑,是一种片面的抽象。

古典话语与现代理论之间存在着沟通的路径。其一,现代理论可以从社会科学的角度考察礼乐仪式,找到礼乐仪式的社会学互动逻辑。礼乐仪式在古典话语里是维护秩序的核心内容。从社会学角度来看,诸侯国行使礼乐仪式不仅仅是为了维持社会规范，也可能会破坏规范或改造规范，礼乐仪式也能被误用。我们需要从国际政治社会学角度对礼崩乐坏逻辑进行丰富和细化，发展社会仪式的相关理论。其二，我们需要丰富对等级性国际体系的理论研究。对春秋体系中"上"与"下"之间关系的进行理论表达。孔子提出的道德与权威相匹配，一方面是指上行下效的互动关系，另一方面是指名实相符的行动要求。无序竞争造成大国和霸主国的错误表率行为，也污名化了霸主名位这一权威、信任的象征物，是导致天下无序的起点。从这个层面说，无序竞争与上行下效、名实不符是相互影响的。其三，现代国际关系理论与古典哲学话语可以相互补充和启发，帮助我们从不同的古典文本发展出逻辑相关联的理论解释。孔子有"礼乐征伐从诸侯出"这一论述，中庸哲学有"致中和"的社会关系价值追求，两者在春秋诸侯国合作制度中能够相互补充、相互印证。本章希望通过国际关系学的相关理论，把上述不同文本和论述统一到合作制度建设、大国无序竞争等理论逻辑中，更为深刻地解释春秋时期的诸侯国体系演化。儒家是中庸辩证思维，重视郁郁乎文哉的制度与维系制度的军事力量并存。齐桓公对制度的复兴和改革是孔子推崇的诸侯国体系变化。霸主国从诸侯中脱颖而出，成为秩序的提供者、维护者，这是一个积极的过程。孔子一生都在阻止诸侯国体系衰落，防止礼乐征伐（对诸侯国体系的治理权威）不断下落。问题在于，诸侯国层面的互动出了问题，但由于体系层面的无序竞争，霸主国不能进行长期稳定的治理，导致春秋"国际制度"重建失败。在晋国作三军时，晋文公的卿大夫之间就名位进行了礼让，让我们看到礼乐文化在塑造良好国内环境方面的强大力量。但我们并没看到齐国与晋国国君之间能够有序分配治理权。诸侯国之间的无序竞争使各诸侯国不同层面的政治参与者不断堕落，在这样的旋涡之中把诸侯国体系引入战国时代。

第一节 礼乐仪式的误用

仪式是一种社会互动，不是空泛的行为。春秋时期，虽然我们可以看到很多礼乐仍然在执行，但那不是孔子希望的礼乐，而是对各种社会关系的破坏，是大国之间无序竞争环境下服务于争霸的工具，或是无序竞争环境导致的没有执法者予以纠正的现象。由于频繁的战争，相比西周时期，春秋时期的外交仪式的数量反而增加了，很多情形下是大国主观意图上认可的礼乐仪式，实际却是对礼乐仪式的误用，造成各国间关系的破坏。

如何定义误用仪式这种现象？错误地使用仪式表现为以下几种情况：一是不依据《周礼》等权威文本的要求来执行礼乐，僭越，即超越自己的名位来享受更高规格的仪式便是如此；二是仅仅通过外在行为执行某种仪式，其过程缺乏情感投入。例如使臣会面时有时会进行盟誓，但使者（有时参与的是国君）在盟誓过程中，未能用仪式来表达自己真心和睦的意愿。礼乐是同一件事物的两个方面，礼仪程序是外在的行为，乐（情绪）是内心的显现。

此外，我们并不把对仪式的创新性使用定义为错误使用。仪式的本质内涵是对行为体关系的维护和发展。那些旨在减少华夏诸侯国间战争、稳定诸侯国之间政治关系的礼乐仪式的举行，不属于误用。如果这种新的使用能够持续地带来和平与合作，便有可能稳定下来成为惯例，甚至成为某种制度创新。

僭越地使用仪式是最主要的误用仪式行为，大多发生在大国与小国的互动关系中。如果大国僭越地提高自己享受的仪式规格，又没有承担起维护各国安全的责任，仪式的内涵与实际的政治互动关系就会发生不匹配，不仅会破坏大国与小国之间的关系，而且会破坏仪式本身。值得注意的问题是，实际的政治互动能改革和发展礼乐仪式。随着政治环境的发展，我们要注意到诸侯国互动关系的相互性，可靠的安全帮助能够产生信任、尊崇等情感。如果大国通过仪式提高自己的地位，同时也承担了更多的责任，虽然仪式可能并非依据《周礼》的安排，但有可能形成新的稳定的实践，这样的仪式能够给霸主国更多权威，成为某种制度创新。春秋时期的政治家们也引经据典，对经典文本进行新的解释。

即使依据惯例使用仪式，新的政治变化（如晋国的崛起）也能够为大国的仪式提供新的阐释机会，仪式的功能和意义也会发生微妙的变化，但只要是稳定合作关系、提供公共产品的仪式和相关互动，就并非误用，而是某种创新。例如晋国在崛起过程中进行了如下仪式和相关阐释，成为晋国提高地位的重要事件。鲁僖公二十五年（公元前635年），秦晋两国的军队援助周天子：

> "秦伯师于河上，将纳王。狐偃言于晋侯曰：'求诸侯，莫如勤王。诸侯信之，且大义也。继文之业，而信宣于诸侯，今为可矣。'使卜偃卜之，曰：'吉。遇黄帝战于阪泉之兆。'……公曰：'筮之！'筮之，遇大有之睽，曰：'吉。遇"公用亨于天子"之卦，战克而王飨，吉孰大焉？且是卦也，天为泽以当日，天子降心以逆公，不亦可乎？大有去睽而复，亦其所也。'晋侯辞秦师而下。"①

在晋国的军事行动之前，通过占卜和对卦象的解释这套仪式赋予军事行动以重大意义：晋国国君通过卦象的变化，上升到周天子在卦象中的位置。晋国的霸主地位通过已有的制度程序得到提高，越来越接近天子，霸主地位也得到仪式程序上的承认。这是一次重要的仪式范例，晋国依据合作规范援助了周天子，通过仪式和对仪式的相关解释赋予自己更高的地位。虽然可能在解释话语中添加了对自己有利的因素，或者依据晋国的利益偏好对仪式进行了阐释，但目的是维护合作规范，维护各诸侯国的集体认同，不属于误用礼乐仪式。

一般而言，误用礼乐仪式往往有破坏诸侯国合作关系的效果，应当以参与仪式各方的关系为考量标准。例如，如果大国不对小国尽责任，小国参与大国举行的仪式也是非本意、非用心的。郑国子产曰："大适小有五美：宥其罪戾，赦其过失，救其灾患，赏其德刑，教其不及。小国不困，怀服如归。"②"教其不及"是因为大国做出表率才能实现。"小国不困"，才能对大国"怀服如

---

① 杨伯峻编著：《春秋左传注》，中华书局1990年版，第431—432页。
② 杨伯峻编著：《春秋左传注》，中华书局1990年版，第1144—1145页。

归"。小国在安全上有求于大国，大国出现灾祸后，小国要需要执行吊恤仪式。小国违心执行对大国的仪式，唯恐因没有执行仪式而获罪。反过来，大国在礼乐上怠慢小国，甚至以侮辱小国来体现自己的重要性。这些礼乐仪式的误用不断消磨诸侯国之间的友好关系，使军事力量不仅是诸侯国生存的保障，也成为礼乐仪式待遇的获得标准。

除了华夏诸侯国之间的误用仪式以外，也存在华夏诸侯国对外敌的误用仪式。小国为了获得安全需要对楚国这样的外敌妥协，对其使用投降、归附的礼仪，使其获得霸主国待遇。把兄弟诸侯国之间的礼仪用于"四夷"，这样的仪式强化了对军事力量的崇拜，消解了对礼乐文化的忠诚和信仰，去除了仪式的象征性权威。

鲁僖公二十二年（公元前638年），"丁丑，楚子入飨于郑，九献，庭实旅百，加笾豆六品"。① 宋楚泓之战，楚国打败了宋国这个安全共同体成员，郑文公用诸侯款待周王上公的礼节接待楚成王。②

这些仪式误用行为只能造成名位的无意义化，即使享受名位的人也对此没了兴趣，各国丧失了对更高地位的敬畏之心。重耳作为晋国出逃公子都能够享受"九献"之礼，何必还羡慕真正应当受纳"九献"的人呢？如果我们回到微观，回归君子的内心，可以在一个个被错误执行的仪式中发掘他们对礼乐失去敬畏之心的过程。

第二节　上行下效与名实不符

在明确误用仪式的概念后，我们继续分析古典话语中涉及误用仪式的两个经典逻辑——上行下效与名实不符。春秋时期的华夏诸侯国体系作为等级性国

---

① 杨伯峻编著：《春秋左传注》，中华书局1990年版，第399—400页。
② 根据周礼的要求，上公之礼，飨宴九献。参见杨伯峻编著：《春秋左传注》，中华书局1990年版，第400页。

际体系，"上"和"下"的差异是体系的重要特征，而"名"（称谓、名位、名分）成为确立上下责任关系，规定互动逻辑的具体内容。

首先，我们要界定什么是"上"和"下"两种行为体，以及它们之间的关系。先看"上"。"上"不一定局限于周王室，也包括大国。如果沿着上行下效的逻辑进行研究，周王室行为失当，无力维护诸侯国体系是礼崩乐坏的重要原因之一。但这样去研究还有一定的局限，因为大国有晋升为霸主、获得权威的途径。大国可以将军事力量与华夏诸侯国合作制度结合，在这方面，齐桓公做出了表率。

其次，我们应当从整体主义认知春秋时期的"上"与"下"，周王室与诸侯之间是上下关系，霸主国与小国之间也上下关系，诸侯国君主与卿大夫之间同样是上下关系。春秋时期的上行下效，同时发生在上述各层面。上行下效的逻辑界定了"上"的意义，强调"上"拥有权威和实际的军事力量，以表率和惩罚两种方式实现对"下"的管理，"下"以效仿和恭敬的方式，获得"上"的帮助，最终双方实现了关系的和谐。

最后，我们可以看到，界定"上"与"下"的核心是一种关系，而不是具体哪个行为体，而是能否尽到其应有的责任。"上"可以领导"下"，起源于宗亲家庭中的父子关系，上有率先、表率和强大这几个特征，这是逻辑的起点。虽然"上下"是一种辩证的互动关系，但"上"起到更为关键的作用。无论是周王室、霸主国还是小国国君，一方面拥有更强大的军事力量，另一方面需要通过表率占据更高的道德地位。

春秋时期，虽然周王室军事力量不断衰落，但大国有促成上下良性互动关系的尝试和具体成果。齐国称霸并稳固诸侯国体系的努力便是重要体现。鲁庄公二十七年（公元前667年），周惠王使伯廖到齐国，对已经成为齐侯达十九年之久的齐桓公进行锡命，请齐桓公出兵卫国，为周惠王雪耻。因为卫国曾支持王子颓的叛乱。① 接受锡命之后，鲁庄公二十八年（公元前666年）春，"齐侯伐卫，战，败卫师，数之以王命，取赂而还"。② 这是周王室权威与军事权力的交易，是周王室名位与军事权力不匹配的结果。鲁僖公五年（公元前655年），诸侯会于首止，在齐桓公的干预下，王子郑作为周惠王合法接班人的位置得以稳固。周王室的权威能够稳定地延续需要霸主国的军事力量。

除了上下之间的责任机制外，春秋时期的政治体系是一以贯之的上下关系，从最顶端的周王与诸侯到诸侯自己的家庭关系。一个层面的"上行"会引起多个层面的"下效"。不仅如此，大国君主错误执行礼仪意味着其一定程度放弃了"执法"能力，处于下位的卿大夫、小国君主乃至贵族大家庭会更加肆无忌惮。

在分析了上行下效逻辑之后，我们来分析名实相符与上行下效之间的关系。晋国师服说："名以制义，义以出礼，礼以体政，政以正民。"③ 从师服的话语里我们可以发现，名不仅仅是语言的象征符号，而且具有社会属性，定义了行为体应当做什么——义。而更为具体的礼是行动规则和制度。"法和礼同属于制度规范，尤其是在政治管理过程中，法也需要借助'名'来实现其目的。诸如'形名''名分'等思想的应用，正是以'名'为治的重要表现。"④

春秋时期出现的一个重要问题是名实不符，最重要的名实不符现象是上下关系的混乱。一是指某一名位、职位的政治行为体，没有履行其应有的职责；二是指某一政治行为体通过误用礼乐仪式来获得某种社会关系、社会地位层面的满足，让自己对名位的渴望得到某种安慰。

名位是关系性的，在行为体之间的互动中维持和发展。名实相符对道德与权力、权威之间的匹配提出了客观要求。诸侯国君主如果要承担更高一层次的

---

① 杨伯峻编著：《春秋左传注》，中华书局1990年版，第237页。
② 杨伯峻编著：《春秋左传注》，中华书局1990年版，第238页。
③ 杨伯峻编著：《春秋左传注》，中华书局1990年版，第92页。
④ 李巍：《春秋大义与黄老思潮——"〈春秋〉以道名分"说探析》，《社会科学战线》2019年第4期，第34—40页。

名位，就要承担相应的责任，这才意味着名实相符。关系是互动双方履行各自责任来维护的，一国君主单方面的行为不一定能够改变自己的地位，获得更高的名位。通过对小国强制性使用某些礼仪，大国的威望看起来提高了，如果对小国未能承担起更高层次的责任，则规则和礼乐的意义就会变质、消散，甚至建构起其他形态的上下关系。

"上"与"下"的具体责任需要名位关系来确立，"上""下"双方也要执行正确的礼乐仪式来维护名位关系。然而在春秋时期，我们看到的多是各层次政治行为体上行下效地误用仪式，加剧了名实不符的现象。名实不符通过上行下效的机制得到放大，"上"拥有更为强大的实力和责任，需要规范"下"的行为。"上"破坏了礼乐规则，对"下"不遵守礼乐放任不管，而且确立上下关系的血缘家庭关系的是从天子到所有君子都应遵守的基本逻辑，整个体系所有政治关系都受到上行下效机制的影响。通过上行下效的作用机制，整个体系中，各层级的政治参与者都争相效仿自己的上级，错误地使用仪式，最终会造成孔子所说的："觚不觚，觚哉！觚哉！"[①] 的结果，即名位、确立名位的礼乐规范，甚至具体器物都丧失意义，社会规范、道德全面退化。

第三节 无序竞争与礼乐征伐自诸侯出

为什么春秋时期，各个层次的政治行为体一定会重复性地错误使用礼乐仪式？为什么上行下效的机制不能以诸侯国之间良性互动的方式展开：天子为诸侯做表率，各国君主为卿大夫做表率，而是以名实不符的方式导致秩序混乱？

首先，从西周时期到春秋时期，最大的发展变化是诸侯国成为最突出的政治行为体，是礼乐的行使者，也是制度的创造者。即使到战国时期，姬姓诸侯在君主的位置上几乎消亡殆尽，诸侯国仍是最主要的政治行为体。制度发展和

---

① 杨伯峻译注：《论语译注》，中华书局2009年版，第61页。

规范维护的责任在于诸侯国特别是大国。

春秋时期最重要的礼乐仪式互动，从周王室与诸侯国之间转移到各诸侯国之间，形成了以霸主国为中心的礼乐仪式体系。以朝聘仪式为例，"仅见于《春秋》《左传》的就有 101 次，其中鲁受朝聘 39 次，晋受朝聘 38 次，齐受朝聘 11 次，楚受朝聘 10 次，越受朝聘 2 次，纪受朝聘 1 次"。[①] "鲁国受朝次数最多，但均为曹、邓、谷、薛、杞、纪、鄫等小国，以及萧、邾、薛等附庸之国。而朝见齐、晋、楚三个先后称霸的国家的，则是鲁、郑、宋、卫等二流国家，甚至号称大国的齐国君主也多次朝晋。由此可见，春秋时期由于霸主掌握了对诸侯的控制权，所以霸主理所当然成为诸侯争相朝见的中心。"[②]

其次，以霸主国为核心的礼乐仪式体系没能有足够的制度创新来化解冲突，没有通过发展仪式的内容和意义来维护诸侯国间的稳定关系。

齐桓公借用会盟这种重要的制度程序，通过相关的一系列外交仪式，发展了以霸主国为中心的合作制度。他能够"九合诸侯，一匡天下"，很重要的一方面是依靠礼乐仪式的作用，可见礼乐能够被创新性使用。我们不能对礼乐仪式采取教条化的认知，政治形势在发展，仪式也在变化，并通过新的执行方式或话语阐释发展为新的合作制度。

但是，春秋时期大国对礼仪的改造和创新是偶发的，对仪式的错误使用是频繁的，齐桓公之后，齐国再未有重大影响力的制度维护或仪式创新。而周王室对仪式的一次创造性使用，反而反映出其对恢复秩序的某种无奈。

鲁庄公元年（公元前 693 年），周天子不赐新即位的鲁庄公以爵命，反追命已死的鲁桓公。[③] 因文姜与齐襄公私通，鲁桓公死于齐襄公之手。鲁国君臣上下充满怨恨和悲伤，周王室对鲁桓公进行锡命，表达了对鲁桓公的同情，安抚鲁国君臣悲伤的情绪。鲁国十二位国君当中，只有鲁桓公是在死后被周王室

[①] 徐杰令：《春秋邦交研究》，中国社会科学出版社 2004 年版，第 65 页。
[②] 徐杰令：《春秋邦交研究》，中国社会科学出版社 2004 年版，第 65—66 页。
[③] 杨伯峻编著：《春秋左传注》，中华书局 1990 年版，第 338 页。

锡命的。这次锡命也有一种礼乐误用的意涵。这一仪式应发挥正向作用却成为周王缺乏权力的呈现仪式，只能增加君子对这种事件的无奈之情。仪式不只是使用人的工具，也会产生非本意的效果，这是古典政治话语容易忽视的问题，也正是国际政治社会学能够发挥作用的地方。

在等级性社会中，仪式只有与权力结合，才能自上而下地规范社会秩序。由于霸主国疲于应对其他大国的竞争，同时缺乏以仪式和制度创新缔造出新的稳定的大国关系的能力，以霸主国为核心的仪式体系只会被扭曲化利用，为强权政治服务，或慢慢失去作用。

再次，无序竞争是春秋时期最为重要的诸侯国互动逻辑，把本应出现的霸主国对合作仪式的传承和改造，替代为对这些仪式的破坏。宗亲互助关系让位于利益计算，礼乐仪式变为霸主国针对小国的成本摊派制度，造成礼乐仪式的权威和信任资源损耗殆尽。也就是说，名实不符、礼崩乐坏受无序竞争影响，通过上行下效的互动机制得以传导和放大，导致所有诸侯国包括霸主国的利益受损。

我们先来看作为"上"的霸主国。礼乐是确定和维持行为体之间关系的工具，意在强化这种关系。严肃地使用礼乐才能产生权威，产生敬畏的心理关系。也只有严肃使用，才能让行为体发自内心地认同这种关系。春秋时期，礼乐互动的中心从周王室与诸侯之间转向大国之间、大国和小国之间。诸侯国依照权力大小的关系建立礼乐关系，权力竞争成为最主要的互动。

在权力竞争的背景下，晋国成为霸主后，还要保存实力应对齐国和秦国的竞争，却无法创制新的互动规则和制度。晋国为了维持霸主地位，对小国的态度更加苛刻。晋国要加倍关注小国对礼乐的执行，尽快确立小国对晋国的服从体系。特别是作为霸主，晋国需要领导针对楚国的多次战争，如此高昂的战争成本使其对小国有所要求。晋国主导了各种礼乐仪式，以确立小国对其服从关系，出现大国逼迫小国、小国恐惧大国的局面。

除了逼迫小国君主和使臣外，大国也用各种礼乐仪式贿赂有实力的贵族政客，在竞争过程中不择手段。以晋文公流亡时为例，鲁召公七年，晋国公子重耳"遂入楚，楚成王以周礼享之，九献，庭实旅百"。① 有学者提出："重耳乃一出奔的流亡公子，作为公子，在晋国亦不过为卿（上大夫），而出奔在国则'卿违，从大夫之位；罪人以其罪降，古之制也'。所以无论楚成王出于什么目的，其行为都是明显违礼的，这也是'公子欲辞'的原因所在。当重耳进入秦国，'秦伯享公子如享国君之礼'，同样也是违礼的。"② 大国这种通过违背规则的方式对礼乐的使用，无非是为了政治争霸的目的来贿赂对方，争取更多政治支持。为了稳固自己的权力地位，大国对他国君主、使臣以胁迫，对他国有实力的政客贿赂，这些做法通过上行下效的机制传导至每一个政治参与者心中，造成整体性的礼崩乐坏、规范退化。当鲁国大夫季桓子可以观赏天子规格的"八佾舞于庭"时，在他心中霸主和天子的名位就不再有权威性，只要有足够的实力，卿大夫也能替代国君执政。

再看"下"。权威承载于礼乐的象征之中，包括对器物等象征物品的使用。小国如果被迫以超规格礼仪对待大国君主，小国国君的身份地位通过这些礼仪的行使而下降。

面对频繁的体系战争，各大国向小国转嫁战争成本，苛责小国对各大国的态度。如果小国不误用礼乐，则是对霸主国名位的否定，对竞争中的各大国的不服从。对小国来说，到大国去朝聘、吊恤等礼仪都意味着灾难，为了取得大国的欢心和满意，小国要丰厚其礼节，厚重其礼物，必然会增加国家负担，稍有不敬，又会遭到大国责难。无序竞争带来礼崩乐坏，带来诸侯之间情感关系的丧失。

郑国对楚国、晋国等频繁使用战败投降的礼仪，仪式的意义渐渐被消耗殆尽。仪式加强了各国对于生存现实的理解和认知，确立了强权至上惯例，破坏了之前华夏诸侯国之间的关系。诸侯之间对宗亲关系反而越发不屑："蔡侯归

---

① 徐元诰：《国语集解》，中华书局2002年版，第331页。
② 徐杰令：《春秋邦交研究》，中国社会科学出版社2004年版，第111页。

自晋,入于郑。郑伯享之,不敬。"[1] 这已经是春秋体系退化到一定阶段的状态,是礼乐被误用的结果,也是规范丧失意义的结果。

最后,我们来看上行下效机制与分封制的全面瓦解之间的关系。"所以谓晋亡者,亦非地与城亡也。姬氏不制,而六卿专之也。"[2] 分封制度的全面瓦解与春秋体系的整体主义特征是相关的,卿大夫与世家大族军事实力的增强是一个方面,诸侯国国君权威的丧失是另一个方面,上行下效的机制导致从诸侯到卿大夫各层面的政治权威的丧失。

君主与公卿大夫之间关系的瓦解是诸侯国内部动荡的重要原因。从周王室与诸侯国之间的关系到诸侯国之间的关系,再到诸侯国内部出现的"陪臣执国命",礼乐误用造成整个体系从宏观到微观关系的混乱。霸主国与大国之间的无序竞争随着上行下效的机制影响着各诸侯在自己国内的政治权威。在诸侯国的推动下,礼乐有了新的功能。礼乐仪式一方面会创建并加固新秩序,另一方面会瓦解旧秩序。只不过无序竞争的逻辑限制了诸侯国使用仪式的方式方法,造成体系瓦解。重要的礼乐误用现象,除小国被迫反复举行投降仪式外,还包括诸侯国的卿大夫、公子等使用诸侯礼仪甚至周天子的礼仪,这激发了他们对诸侯国君主的不敬。

位置混乱的春秋时期,是礼乐为代表的仪式治理无效化、法则治理未展开的时代,反而不如战国时期,各国普遍加强中央集权,用法的规则明确了君主与卿大夫之间的差异。春秋时期的礼乐误用逐渐强化这种信念:只要争取权力,就可以占据想要的位置。霸主国以君主享受的礼仪招待小国卿大夫,小国以周王室享受的礼仪招待大国卿大夫,礼乐误用加速了天下体系从宏观层面到微观层面的整体性瓦解。在一个个拉拢和贿赂的仪式上,礼乐误用超出诸侯之间的关系,进一步侵蚀各国君主与卿大夫之间的关系。《诗》等文本和《乐》等音律是礼乐仪式的重要内容,原本用于君子表达心境和诉求,是微观情感的

---

[1] 杨伯峻编著:《春秋左传注》,中华书局1990年版,第1442页。
[2] 陈秉才译注:《韩非子》,中华书局2007年版,第50页。

内容，在礼乐误用中，这些权威文本和音乐被不断赋予新的阐释和表达：

鲁襄公四年（公元前569年），"穆叔如晋，报知武子之聘也。晋侯享之，金奏《肆夏》之三，不拜。工歌《文王》之三，又不拜。歌《鹿鸣》之三，三拜"。① 穆叔对此的解释是："三《夏》，天子所以享元侯也，使臣弗敢与闻。《文王》，两君相见之乐也，使臣不敢及。《鹿鸣》，君所以嘉寡君也，敢不拜嘉？《四牡》，君所以劳使臣也，敢不重拜？"② 鲁国的国君因为三桓而失去权威，晋国作为霸主以天子招待诸侯的礼乐招待穆叔，是明确的礼乐误用。霸主国对各诸侯国君主和使者进行礼乐误用，损害了霸主的名位和诸侯国君主的权威。

晋国能以礼乐混乱天子与诸侯、诸侯与卿大夫的关系。鲁国就可以找到进一步破坏诸侯国体系的借口：只要鲁国听从晋国差遣，鲁国也可以把更小的鄫国纳为自己的附属国。同年冬天，"公如晋听政，晋侯享公。公请属鄫，晋侯不许。孟献子曰：'以寡君之密迩于仇雠，而愿固事君，无失官命。鄫无赋于司马，为执事朝夕之命敝邑，敝邑褊小，阙而为罪，寡君是以愿借助焉。'晋侯许之。"③

从整体主义的角度看，分封和权威丧失是相互影响的，无序竞争的逻辑是二者之间的媒介。分封导致诸侯大国的出现，诸侯大国需要使用仪式来积累治理权威，以仪式维护体系稳定。诸侯国体系也需要一个霸主国来进行长时间的稳定治理，赋予礼乐仪式新的意义，因此长时期的权威积累是非常重要的。

但从春秋历史来看，齐桓公死后，齐国未能维持桓公时期的稳定和力量增长。晋国在成为霸主国之后，在诸侯国关系层面没有尽到霸主国责任，其国内政治也日益不稳定。持续的诸侯国间竞争需要各国进行国内改革，以加强君主集权，放弃分封制这种导致国内不稳定的治理方式。面对各诸侯国国内世家大

---

① 杨伯峻编著：《春秋左传注》，中华书局1990年版，第932—933页。
② 杨伯峻编著：《春秋左传注》，中华书局1990年版，第932—933页。
③ 杨伯峻编著：《春秋左传注》，中华书局1990年版，第935页。

族的崛起，诸侯国体系层面又缺乏霸主国的援助，以消除世家大族对各国公室的威胁。正如上文所述，晋国作为霸主国以天子招待诸侯的礼乐招待鲁国的穆叔，这种类型的拉拢和利用，既可能破坏国君之间的关系，也可能破坏各国君臣之间的关系。正是诸侯国国君自己通过无序竞争和礼乐误用，非本意地废除了维护自己政治权威的礼乐制度。

结　　语

一、基本观点和研究发现

一是提出合作制度内大国间的无序竞争会导致合作规范退化的理论观点，并以春秋时期诸侯国体系为案例进行深入分析。

春秋时期，华夏诸侯国之间存在三个主要规范——互助、共御外敌、尊卑有序。华夏国家从西周王朝继承了这些规范，并通过日常的礼乐实践周而复始地强化对这些规范的认知，也以此建构了各国之间的安全合作制度。

华夏诸侯国体系具有较强的等级性，周王室占据了该体系最重要的利益——对各诸侯国的领导权和对各国关系的治理权威，天子这一名位成为这种利益的象征。随着周王室权力下降，次于天子名位的霸主（伯）成为最重要的名位，也成为诸侯国合作制度中最重要的利益争夺点。由于名位是难于复制和分配的利益，却又是大国在制度中争夺的核心，该合作制度内部的利益分配冲突愈发明显。如果大国间权力资源相仿，就只能根据效率最大化的原则进行竞争。这导致大国所选择的是一些具备高效率却违背合作规范甚至破坏合作制度的竞争方式，客观上导致合作制度效率低下、诸侯国间信任丧失、小国生存状态不断恶化、战争能力的重要性上升等现象，最终导致合作制度的瓦解。

无序竞争导致规范退化的理论研究表明，国际制度的建立有时不仅意味着参与各方总体收益的增加或集体认同的加强，还承载着其他重要的社会性利益，如制度内的领导权威，对这些利益的竞争可能导致制度的瓦解。这是某些新自由制度主义和建构主义观点容易忽视的内容。春秋时期诸侯国无序竞争的现象也反映出，即使大国具有较高身份认同，内化了合作规范，仍然可能为了制度领导权而竞争。

二是对春秋时期诸侯国间的外交仪式进行了研究，对礼乐仪式相关古典命题进行了再阐释。无序竞争逻辑是规范退化的核心动力，但具体规范消退的微观机制是君子（政治家）对仪式的错误使用，无序竞争逻辑在宏观动力层面导致各个层级的政治行为体在各种场合、情境下一次次错误地执行礼乐仪式（礼崩乐坏）。如果我们回到微观，回归君子的内心，可以发现他们通过执行礼乐仪式而对礼乐文化失去敬畏之心的过程。

为了从古典话语考察春秋时期规范退化、合作制度衰微的现象，本书选择了最为相关的、影响力最大的几个重要论断：上行下效、礼崩乐坏、名实不符，并将之发展为"什么是对礼乐仪式的错误阐释和实践（误用）""误用礼乐仪式对诸侯国合作关系的影响方式""误用礼乐的纠错机制缺失"等几个方面的研究问题。这样就可以将上述古典话语与无序竞争逻辑联系起来，为礼乐征伐自诸侯出、礼崩乐坏等先秦思想家对春秋时期的解释提供国际关系理论方面的阐释。

首先，春秋时期诸侯国体系发展的总体趋势是礼乐征伐自诸侯出，正因为大国竞争、军事冲突和强迫小国归服等现象的增加都需要外交仪式，导致礼乐仪式大量增加。礼乐的执行是社会互动，但礼乐行使不一定意味着维持规范，也可能是破坏规范。在诸侯国的推动下，礼乐有了新的功能，伴随着礼乐的执行，《周礼》《诗》等权威文本也不断被重新阐释。但礼乐仪式并不仅仅是工具，对这些仪式的错误使用一方面会创建并加固新秩序，另一方面会瓦解旧秩序。礼乐征伐自诸侯出的问题在于，各国错误使用礼乐仪式来破坏诸侯国之间的互助关系，宏观层面的动力是大国间无序竞争逻辑。竞争限制了诸侯国和其他各层次政治行为体使用礼乐的方法，反而造成体系瓦解：大国之间的竞争不择手段，不履行安全互助责任，无法起到表率作用，反而通过仪式强迫小国表现出服从。小国为了获得安全，要么对楚国这样的外敌妥协，要么为了谄媚华夏大国歪曲使用礼乐。在关系和情感上大国不"大"，小国不"小"，造成名实不符现象。对军事力量的崇拜和违心的错误使用仪式消解了"君子"对礼乐文化的忠诚和信仰。

其次，名实不符、上行下效两种现象与无序竞争相互影响。名实关系在等级性社会中非常重要，名位确立了等级差异、政治权威和各层级行为体的互动关系。礼乐仪式系统是维系名位关系的核心机制。在无序竞争的作用下，诸侯国君主和卿大夫错误使用礼乐仪式，通过超规格仪式一方面贿赂其他政治行为体，以获得更多政治支持；另一方面提高自己的地位，满足自己的社会性需求，造成整个系统内全面的名实不符现象。在最强大的霸主国也误用礼乐的情况下，整个春秋政治体系缺乏公正的规则维护者、执法者，错误的行为反而通过上行下效的机制被普遍化，大量的错误使用礼乐去除了仪式的象征性权威：原本对"上"敬畏、尊重、服从的仪式，演变为拉近关系的工具，这种仪式误用现象只能造成名位的无意义化，即使享受名位的人也对此没了兴趣，最后造成春秋时期等级性政治体系的全面崩溃。

制度的发展并非一定是衰微的、不可逆转的。礼乐被误用是无序竞争逻辑导致的结果，无序竞争给予上行下效机制以错误的示范内容，造成上层——霸主和"伯"的名实不符，也使制度创造、制度改革的路径向损耗和衰亡发展。

最后，春秋时期，分封制度和诸侯国君主的权威丧失也是相互影响的，无序竞争逻辑是二者之间的媒介。从孔子"天下有道，则礼乐征伐自天子出"的论断中我们可以发现政治权威对政治稳定的重要性。很多学者将西周诸侯国体系的衰微归因于周天子因分封失去了权力，国君因为分封丢掉了社稷，认为分封带来经济和军事力量的多中心、多极化。而现代政治学与春秋思想家不谋而合的地方在于，他们认为政治权威是政治稳定的核心变量，物质实力的多中心、多极化是冲突和混乱的一个必要不充分条件。

诸侯国体系需要霸主国进行长时间的稳定治理，这样才能提供一个权威积累的过程。而诸侯国君主之间的无序竞争导致霸主国难以发挥政治权威的作用，反而通过违背礼乐的方式追逐权力。在缺乏权威治理的体系中，各国君主越发不择手段地竞争或疲于自保，这给各国国内世家大族提供了效仿的榜样，它们在诸侯国内部相互竞争，甚至与国君竞争，"三家分晋"就是最为典型的表现。反过来，诸侯国体系层面的稳定会极大减少各国之间的干预和颠覆，反而会帮助他国国君平息内乱，春秋初期这种诸侯国间互助现象还是存在较多的。

二、对传统国际关系理论的启示

春秋时期诸侯国间无序竞争的独特现象，从以下两方面丰富了国际制度理论和国际社会理论的相关研究成果。首先，国际制度之内的竞争可能会聚焦社会性利益：身份关系、社会地位和权威。其次，国际制度内的竞争也能导致制度瓦解和规范退化。制度内竞争如果得不到良好的引导，可能会激化矛盾，损害国际制度和合作规范，使国家间关系回到现实主义的生存逻辑之中。

很多建构主义研究容易忽略大国在制度内的竞争现象，强调合作文化对国家身份的建构，认为国际制度内的国家具有积极的集体身份，友好合作又会不断加强集体身份。集体身份可以在很大程度上克服无政府状态带来的安全威胁认知，这是一种不断向上发展的社会化逻辑。但是，在高度社会化的安全共同体中，国家会在生存以外的其他利益分配问题上进行竞争，这可能正是国家在互动过程中逐渐改变国际体系文化的初始点。春秋时期，内化合作规范的各国具有较强的集体身份，而正是集体身份所承载的社会性利益导致大国间的竞争和冲突。

另一个被忽视的问题是，春秋时期的规范退化是支撑整个"国际社会"的核心规范或主导规范的退化。以往对建构主义的规范退化研究往往聚焦单一规范，限定在某一个问题领域（自由贸易、裁军、人权等），没有提供多个规范结构性退化的解释。只有支撑基本国际秩序的几个核心规范的结构性退化，才算是国际体系的退化。

最后，制度因素也可能导致规范退化。国际制度设计不完善，没能限制国家的无序竞争行为；国际制度的低效率、公共产品不足也可以导致规范退化。

新自由制度主义关注国际制度的利益供给和分配，认为国际制度建立后，绝对收益的增加可以有效减弱无政府状态，一定程度上克服国家间安全困境。新自由制度主义强调经济利益的作用，对市场经济出现之前的国际体系的解释是对其解释能力的考验。新自由制度主义标榜制度规则、理性经济人等理论假定具有广阔的适用范围。如果将安全领域的公共产品纳入春秋国际体系研究，新自由制度主义会推断西周霸主国衰落之后，制度应当被其他大国继承，合作状态得以维持。[①] 春秋史实表明，大国并非仅仅为经济利益和生存在制度内展开竞争，其他社会性利益，如霸主国地位和威望也是竞争的重要目标。

制度内竞争为现实主义的发展找到新的土壤。现实主义的理论内核不只是局限于无政府状态与生存逻辑这个假定。即使是在规范较为密集的国际社会环境中，只要国家之间能够产生对某种重要利益的竞争，并在这种竞争中不断改变认知，甚至为此做最坏可能性的准备，现实主义逻辑就可能出现，并随着竞争的不断激化，打破国家之间已经建立的信任、规范和制度。

现实主义的霸权稳定论与春秋时期的诸侯国间竞争似乎有很多相似之处。但春秋时期诸侯国争霸的目的不是建立经济体系以提高边际收益，而是为了社会地位的上升。等级性国际体系中，地位和权威是极为重要的战略利益。这种特殊的争霸模式脱离了霸权稳定论的经济变量。霸权稳定论更无法解释霸主国与挑战国的争夺是如何将春秋时期的周期性争霸转变成战国时期纯粹的霍布斯状态。霸权稳定论是循环逻辑，从春秋争霸到战国的霍布斯状态是退化逻辑，

---

① [美]罗伯特·基欧汉著，苏长和等译：《霸权之后：世界政治经济中的合作与纷争》，上海人民出版社2001年版，第95—96页。

退化逻辑意味着大国争霸过程瓦解了等级性体系。

霸权稳定论忽略了国际规范和共同体认同。霸权稳定论认为，在大国争霸过程中，挑战国试图争夺国际制度的领导权并重新建立有利于自己的国际制度，挑战国与霸权国之间的霸权战争是体系变化的主要方式，战争的手段趋向于无限制的暴力。如霸权稳定论解释第一次世界大战和第二次世界大战，都是霸权争夺双方几乎不受规范约束的冲突行为，而在战争结束之后，胜利者将尽最大努力削弱对方的物质实力，以维护自身的霸权。而春秋时期的大国间无序竞争行为，是合作规范和合作制度内的竞争行为，加入这些变量之后，互动过程和结果就大不一样了。春秋"国际制度"内的竞争方式包括不提供公共产品、贿赂其他诸侯国等非暴力行为，即使是战争冲突也有一定的节制，战后甚至不做削弱对方实力的安排。对这种具有特殊性质的竞争和冲突的研究非常有意义。

由霸权稳定论提出的霸权衰落很大程度上是霸权国自身的衰落，是霸权国国内消费的巨大比例、军事力量的消沉、生产性投入的低迷，[1]而春秋制度内无序竞争的现象是大国冲突性互动导致的规范退化，巨大的冲突成本和霸权国维护自身名位导致不断"恶"化的霸权体系。

三、国际地位竞争问题的现实意义

近现代国际社会中大国对国际地位的争夺也存在无序竞争导致规范退化的现象。然而，无序竞争导致规范退化只是领导权竞争与国际规范这两个变量之间可能会出现的一种关系。两者之间的其他关系还需要在各种具体的国际互动中来进一步研究。在竞争利益的零和性质、竞争方式的成本变化、国际规范对竞争方式的影响等问题上，还有许多值得研究的地方。

沃尔弗斯提出国家追求与物质权力相当的国际地位，两极或多极权力分配

---

[1] 参见［美］罗伯特·吉尔平：《世界政治中的战争与变革》（英文版），北京大学出版社2005年版。

格局容易导致地位竞争现象。① 他认为,苏联和美国在第二次世界大战后围绕世界的领导地位而展开竞争,并导致美苏之间长期的对抗。其实,美苏的地位之争也导致冷战时期某些国际规范的退化。北约和华约两大军事联盟的产生使敌人身份在两大联盟之间不断强化。苏联对东欧国家的控制、美国对中美洲国家的干预、美苏两国对第三世界的争夺,使《联合国宪章》所强调的和平解决争端、不使用武力或以武力相威胁、不干涉他国内政等规范发生退化。国际体系违背了第二次世界大战后初期各国建立联合国、倡导集体安全的意愿,很多国家长期处于安全困境之中。

国际规范不仅会因国家间无序竞争而退化,也可以成为影响竞争方式的中介因素和竞争产生的前提条件。首先,只有在最基本的国际社会的环境中,国家才能追求国际地位。其次,国际规范可以成为追求国际地位的手段,国家可以通过加入国际组织(比如联合国、欧盟)并接纳其规范来提高国际地位。② 最后,国家为了获取国际社会的领导权还可以创造新的国际规范。③

随着全球化的深入发展,当代国际社会内的大国被深刻整合在国际制度之内,融入国际制度的深度与其国家权力的大小在很多情况下呈正相关性,这极大改变了国际制度内竞争的成本。大国很难以无序竞争方式争夺制度领导权。同时,二十国集团的发展和金砖国家的崛起反映出全球性问题需要各种不同类型的权力和资源来解决。竞争者之间的互补性观念和实践能够影响制度内或联盟内的领导权争夺方式,使竞争者之间相互依存,从而避免无序竞争的出现。在全球化背景下,美国与欧盟之间出现过新的国际社会领导权的竞争方式。伊曼纽尔·阿德勒认为,欧洲希望通过创造和传播新的国际规范,改造美国所代

---

① William C. Wohlforth, "Unipolarity, Status Competition, and Great Power War," World Politics, Vol. 61, No. 1, 2009, pp. 28 – 57.

② Deborah Welch Larson and Alexei Shevchenko, "Status Seekers: Chinese and Russian Responses to U. S. Primacy," International Security, Vol. 34, No. 4, 2010, p. 71.

③ Deborah Welch Larson and Alexei Shevchenko, "Status Seekers: Chinese and Russian Responses to U. S. Primacy," International Security, Vol. 34, No. 4, 2010, pp. 73 – 75.

表的国际秩序,成为一个新的政治经济"威望区域"和"吸引力网络",从而取得西方世界的领导权。[①] 如面对某些全球性问题,欧洲希望以弱化主权的解决方式(支持他国政治、社会改革等方式)替代美国所代表的传统解决方式(军事打击、制裁等方式)。又如,针对欧盟势力范围内的国家,欧盟发起"欧洲-地中海伙伴关系""巴塞罗那进程""欧洲睦邻政策""地中海联盟"等扩展欧盟区域影响力的政治进程,以此传播欧盟规范,"把规范性力量转化为真正可见的物质力量,有时甚至转化为政治控制力"。[②]

国际制度中多元化、互补的领导结构可能会促进制度内大国的相互依存与合作,促进领导权、领导位置的分享,减少无序竞争出现的可能性。特别是当今全球性问题集中涌现的时代,增加新兴市场国家的话语权,接纳其关于全球治理的思维与规范,对于当今的国际制度代表性、效率与凝聚力的提高都是有帮助的。

[①] Peter J. Katzenstein, eds., "Civilizations in World Politics," Routledge Press, 2010, p. 72.
[②] Peter J. Katzenstein, eds., "Civilizations in World Politics," Routledge, 2010, p. 79.

参考文献

一、中文文献

（一）著作

晁福林：《霸权迭兴——春秋霸主论》，生活·读书·新知三联书店1992年版。

陈启云：《中国古代思想文化的历史论析》，北京大学出版社2001年版。

岑仲勉：《西周社会制度问题》，新知识出版社1956年版。

冯友兰：《中国哲学史》，华东师范大学出版社2000年版。

葛剑雄：《统一与分裂——中国历史的启示》，生活·读书·新知三联书店1994年版。

顾栋高：《春秋大事表》，中华书局1993年版。

郭沫若：《中国古代社会研究》，河北教育出版社1930年版。

郭伟川：《两周史论》，北京图书馆出版社2006年版。

何怀宏：《世袭社会及其解体——中国历史上的春秋时代》，生活·读书·新知三联书店1996年版。

景红艳：《〈春秋左传〉所见周代重大礼制问题研究》，中国社会科学出版社2015年版。

李峰：《西周的政体：中国早期的官僚制度和国家》，生活·读书·新知三联书店2010年版。

梁启超：《先秦政治思想史》，中国人民大学出版社 2012 年版。

李瑞兰：《春秋战国时代的历史变迁》，天津古籍出版社 1994 年版。

李学勤主编：《礼记正义》，北京大学出版社 1999 年版。

刘向：《战国策》，上海古籍出版社 1998 年版。

李学勤：《中国古代文明与国家形成研究》，云南人民出版社 1997 年版。

李云泉：《朝贡制度史论——中国古代对外关系体制研究》，新华出版社 2004 年版。

刘泽华：《先秦士人与社会》，天津人民出版社 2004 年版。

刘泽华、李瑞兰：《竞争·改革·进步：战国历史反思》，求实出版社 1988 年版。

刘泽华：《中国政治思想史集（第二卷）：秦至近代政治思想散论》，人民出版社 2008 年版。

吕思勉：《中国制度史》，上海教育出版社 1985 年版。

吕思勉：《吕思勉中国文化史：中国政治思想史讲义》，天津古籍出版社 2007 年版。

苗红妮：《国际社会理论与英国学派的发展》，中国社会科学出版社 2009 年版。

钱穆：《国史大纲》，商务印书馆 2011 年版。

钱穆：《秦汉史》，生活·读书·新知三联书店 2005 年版。

钱穆：《先秦诸子系年》，商务印书馆 2001 年版。

秦亚青：《权力·制度·文化：国际关系理论与方法研究文集》，北京大学出版社 2005 年版。

秦亚青：《关系与过程：中国国际关系理论的文化建构》，上海人民出版社 2012 年版。

石井宏明：《东周王朝研究》，中央民族大学出版社 1999 年版。

［北宋］司马光：《资治通鉴》，中华书局 1956 年版。

［汉］司马迁:《史记》,中华书局 1959 年版。

［清］孙星衍:《尚书今古文注疏》,中华书局 2004 年版。

［清］孙诒让:《周礼正义》,中华书局 2000 年版。

余英时:《余英时文集(第二卷):中国思想传统及其现代变迁》,广西师范大学出版社 2004 年版。

童书业:《春秋左传研究》,中华书局 2006 年版。

童书业:《春秋史》,商务印书馆 2010 年版。

王国维:《观堂集林》,河北教育出版社 2003 年版。

王国维:《古本竹书纪年辑校　今本竹书纪年疏证》,辽宁教育出版社 1997 年版。

吴荣曾等:《尽心集:张政烺先生八十庆寿论文集》,中国社会科学出版社 1996 年版。

吴毓江:《墨子校注》,中华书局 2006 年版。

谢维扬:《中国早期国家》,浙江人民出版社 1995 年版。

徐元诰:《国语集解》,中华书局 2002 年版。

许倬云:《西周史》,生活·读书·新知三联书店 2001 年版。

杨伯峻编著:《春秋左传注》,中华书局 1990 年版。

杨伯峻译注:《论语译注》,中华书局 1980 年版。

杨伯峻译注:《孟子译注》,中华书局 1960 年版。

杨宽:《杨宽古史论文选集》,上海人民出版社 2003 年版。

杨宽:《战国史》,上海人民出版社 2003 年版。

杨宽、吴浩坤主编:《战国会要》,上海古籍出版社 2005 年版。

杨师群:《东周秦汉社会转型研究》,上海古籍出版社 2003 年版。

杨向奎:《宗周社会与礼乐文明》,人民出版社 1997 年版。

阎学通、徐进等:《王霸天下思想及启迪》,世界知识出版社 2009 年版。

赵鼎新:《东周战争与儒法国家诞生》,华东师范大学出版社 2006 年版。

赵广成:《从合作到冲突:国际关系的退化机制分析》,世界知识出版社2011年版。

周书灿:《中国早期国家结构研究》,人民出版社2002年版。

[东汉]赵晔:《吴越春秋》,江苏古籍出版社1999年版。

周振甫译注:《诗经译注》,中华书局1982年版。

张光直:《中国青铜时代》,生活·读书·新知三联书店1983年版。

赵汀阳:《天下体系:世界制度哲学导论》,江苏教育出版社2005年版。

[美]许田波著,徐进译:《战争与国家形成:春秋战国与近代早期欧洲之比较》,上海人民出版社2009年版。

[美]亚历山大·温特著,秦亚青等译:《国际政治的社会理论》,上海人民出版社2001年版。

[美]本杰明·史华兹著,程钢译:《古代中国的思想世界》,江苏人民出版社2003年版。

[美]彼得·卡赞斯坦、罗伯特·基欧汉、斯蒂芬·克拉斯纳编,秦亚青、苏长和、门洪华、魏玲译:《世界政治理论的探索与争鸣》,上海人民出版社2006年版。

[日]尾形勇著,张鹤泉译:《中国古代的"家"与国家》,中华书局2010年版。

(二)期刊文章

陈启云:《封建与大一统之间:关于中国传统政体的理论和史实》,《学术月刊》2007年第2期。

陈玉聃:《国际关系学中的经典与阐释——评〈中国先秦国家间政治思想选读〉》,《国际政治科学》2008年第3期。

陈剩勇:《诸侯争霸战争与春秋时期的社会变革》,《浙江学刊》1986年第4期。

晁福林:《关于近三十年先秦史研究范式的超越与重构》,《史学月刊》

2011 年第 8 期。

丁琴海：《论先秦国家间政治思想研究的三重困境》，《国际关系学院学报》2010 年第 4 期。

董恩林：《论周代分封制与国家统一》，《华中师范大学学报（人文社会科学版）》1998 年第 5 期。

董青岭：《现实建构主义理论评述》，《国际政治科学》2008 年第 1 期。

冯维江、余洁雅：《论霸权的权利根源》，《世界经济与政治》2012 年第 12 期。

高兵：《大一统再认识》，《山东师大学报（社会科学版）》1999 年第 6 期。

黄中业：《西周分封制度是国家政体说》，《史学月刊》1985 年第 2 期。

江西元：《从天下主义到和谐世界：中国外交哲学选择及其实践意义》，《外交评论》2007 年第 97 期。

简军波、张敬林：《自负帝国的危机：单边主义与霸权合法性的终结》，《世界经济与政治》2003 年第 8 期。

康欣：《地位认知、权力结构与国际冲突》，《世界经济与政治》2012 年第 2 期。

柳思思：《从规范进化到规范退化》，《当代亚太》2010 年第 3 期。

罗云辉、夏大慰：《市场经济中过度竞争存在性的理论基础》，《经济科学》2002 年第 4 期。

刘丰：《联盟、制度与后冷战时代的北约》，《国际论坛》2005 年第 2 期。

刘丰、董柞壮：《联盟为何走向瓦解》，《世界经济与政治》2012 年第 10 期。

林民旺、朱立群：《国际规范的国内化：国内结构的影响及传播机制》，《当代亚太》2011 年第 1 期。

刘泽华：《先秦史研究的几点思考》，《史学月刊》2011 年第 8 期。

刘红卫：《王、霸的时序性——试析由王道向霸道转变的原因》，《管子学刊》2004 年第 1 期。

李若晖：《东周时期中华正统观念之形成》，《政治学研究》2008 年第 1 期。

吕政、曹建海：《竞争总是有效率的吗？——兼论过度竞争的理论基础》，《中国社会科学》2000 年第 6 期。

吕立琛：《试论孔子的大一统思想》，《齐鲁学刊》1984 年第 3 期。

黎虎：《周代交聘礼中的对等性原则》，《史学集刊》2010 年第 2 期。

李绍连：《试论西周实行分封制的前因后果》，《中州学刊》1998 年第 5 期。

庞中英：《霸权治理与全球治理》，《外交评论》2009 年第 4 期。

秦亚青：《关系本位与过程建构：将中国理念植入国际关系理论中》，《中国社会科学》2009 年第 3 期。

秦亚青：《建构主义：思想渊源、理论流派与学术理念》，《国际政治研究》2006 年第 3 期。

秦亚青：《国际制度与国际合作——反思新自由制度主义》，《外交学院学报》1998 年第 1 期。

秦亚青：《文化、文明与世界政治：不断深化的研究议程》，《世界经济与政治》2010 年第 11 期。

秦亚青：《行动的逻辑：西方国际关系理论"知识转向"的意义》，《中国社会科学》2013 年第 12 期。

秦亚青：《中国文化及其对外交决策的影响》，《国际问题研究》2011 年第 5 期。

秦亚青：《国际政治的关系理论》，《世界经济与政治》2015 年第 2 期。

秦亚青：《国际政治关系理论的几个假定》，《世界经济与政治》2016 年第 10 期。

秦亚青：《文化与国际关系理论创新——基于理性和关系性的比较研究》，《中国社会科学评价》2019 年第 4 期。

祁怀高：《国际制度变迁与东亚体系和平转型——一种制度主义视角分

析》,《世界经济与政治》2010年第4期。

曲博:《合作问题、权力结构、治理困境与国际制度》,《世界经济与政治》2010年第10期。

孙德刚:《国际安全合作中联盟概念的理论辨析》,《国际论坛》2010年第5期。

苏若林、唐世平:《相互制约:联盟管理的核心机制》,《当代亚太》2012年第3期。

沈长云:《先秦史研究的10个理论问题》,《史学月刊》2011年第8期。

桑东辉:《也谈春秋战国时期的诸侯国是否为主权国家——以〈墨子〉为例、以国际法为视角》,《国际政治研究》2006年第2期。

唐世平:《国际政治的社会进化:从米尔斯海默到杰维斯》,《当代亚太》2009年第4期。

田野:《国际制度对国内政治的影响机制:来自理性选择制度主义的解释》,《世界经济与政治》2011年第1期。

田野:《国际制度研究:从旧制度主义到新制度主义》,《教学与研究》2005年第3期。

田野:《制度分析的层次问题与国际制度研究》,《教学与研究》2007年第5期。

王日华:《道义观念与国际体系的变迁——以春秋战国时期为例》,《国际观察》2009年第1期。

王学东:《国家声誉与国际制度》,《现代国际关系》2003年第7期。

王晖:《论周代王权与中央集权化的统治形式》,《学术月刊》2000年第9期。

王欢:《浅述墨子"兼爱"的政治学说》,《学术研究》2011年第9期。

王明国:《权力、合法性、国内政治与国际制度的有效性》,《世界经济与政治》2006年第8期。

王日华:《先秦国家间政治思想的研究纲领与理论建构——兼评阎学通等著〈王霸天下思想及启迪〉》,《当代亚太》2010 年第 2 期。

王启发:《先秦诸子论礼与法(上)》,《燕山大学学报(哲学社会科学版)》2002 年第 1 期。

吴同骥:《中国古史分期问题再探讨》,《历史教学》1994 年第 4 期。

徐进:《国家何以建构国际规范——一项研究议程》,《国际论坛》2007 年第 5 期。

徐进:《两种逻辑与双重博弈——评〈战争与国家形成：先秦中国与早期近代欧洲之比较〉》,《国际政治科学》2006 年第 4 期。

徐建新:《天下体系与世界制度——评〈天下体系：世界制度哲学导论〉》,《国际政治科学》2007 年第 10 期。

徐正京:《国际制度理论的新趋势——论理性主义的局限和建构主义的优势》,《国际论坛》2006 年第 6 期。

许田波:《构建"中国学派"必须正视历史》,《世界经济与政治》2010 年第 5 期。

许田波:《战争、国家形成与公民权：春秋战国与近代早期欧洲比较》,《世界经济与政治》2008 年第 9 期。

辛万翔、曾向红:《"多国体系"中行为体的不同行为逻辑及其根源——兼与许田波商榷》,《世界经济与政治》2010 年第 3 期。

肖晞、刘笑阳:《墨家思想对中国国际战略定位的启示》,《国际观察》2011 年第 2 期。

杨倩如:《先秦国际体系的类型与演变》,《国际政治科学》2010 年第 1 期。

叶自成、庞珣:《中国春秋战国时期的外交思想流派及其与西方的比较》,《世界经济与政治》2001 年第 12 期。

杨钊:《从先秦诸子看春秋战国时期社会变革性质》,《史学集刊》1987 年第 1 期。

叶自成、王日华：《春秋战国时期外交思想流派》，《国际政治科学》2006年第2期。

叶江、谈谭：《试论国际制度的合法性及其缺陷——以国际安全制度与人权制度为例》，《世界经济与政治》2005年第12期。

叶自成：《从华夏体系历史看美国国际关系理论范式的西方特色》，《世界经济与政治》2012年第2期。

叶自成：《中国外交的起源——试论春秋时期周王室和诸侯国的性质》，《国际政治研究》2005年第1期。

叶麒麟、张莉：《利益、观念与制度：国际制度的自我实施机制——一个综合性分析框架》，《世界经济与政治论坛》2009年第3期。

杨东晨、杨建国：《"汉阳诸姬"国史述考》，《学术月刊》1997年第8期。

杨鲁慧、郭延军：《从"霸权稳定论"到"安全共同体"：东北亚安全合作架构新走向》，《世界经济与政治》2005年第4期。

杨正香：《西周分封制与西欧中世纪分封制的比较研究》，《江汉论坛》2001年第5期。

尹继武：《国际关系中的信任概念与联盟信任类型》，《国际论坛》2008年第2期。

周方银：《松散等级体系下的合法性崛起——春秋时期"尊王"争霸策略分析》，《世界经济与政治》2012年第6期。

周建仁：《联盟形成理论：评估及对中国的政策启示》，《当代亚太》2012年第3期。

周建仁：《战略分歧、自助能力与同盟解体》，《世界经济与政治》2013年第1期。

赵广成：《国际关系的退化机制分析：一项研究议程》，《世界经济与政治》2011年第1期。

赵建文：《墨子关于"兼爱非攻"的国际法思想及其现代价值》，《法学研究》1996 年第 2 期。

赵鼎新:《在西方比较历史方法的阴影下——评许田波〈古代中国和近现代欧洲的战争及国家形成〉》,《社会学研究》2006 年第 5 期。

郑先武:《"安全共同体"理论探微》,《现代国际关系》2004 年第 2 期。

朱杰进:《国际制度设计中的规范与理性》,《国际观察》2008 年第 4 期。

甄尽忠:《先秦时期国家救助思想述论》,《中州学刊》2009 年第 3 期。

朱中博:《中国古代国际政治思想资源——评〈中国先秦国家间政治思想选读〉》,《国际观察》2009 年第 3 期。

二、英文文献

(一) 专著

Adam Watson, *The Evolution of International Society: A Comparative, Historical Analysis*, New York: Routledge Press, 2009.

Andrew Hurrell, *On Global Order: Power, Values, and the Constitution of International Society*, New York: Oxford University Press, 2007.

Alexander Wendt, *Social Theory of International Politics*, Cambridge: Cambridge University Press, 1999.

A. F. K. Organski, *The War Ledger*, Chicago: The University of Chicago Press, 1980.

Barry Buzan, *From International to World Society?: English School Theory and the Social Structure of Globalization*, Cambridge: Cambridge University Press, 2004.

Barry Buzan, *The United States and the Great Powers: World Politics in the Twenty-First Century*, Cambridge: Polity Press Ltd., 2004.

Barry Buzan and Richard Little, *International System in World History: Remaking the Study of International Relations*, New York: Oxford University Press, 2000.

Barry Buzan, *People, States and Fear: The National Security Problem in International Relations, Chapel Hill: the University of North Carolina Press, 1983.

Barry Buzan and R. J. Barry Jones eds., *Change and the Study of International Relations*, London: Pinter, 1981.

Baldwin, David A., ed., *Neorealism and Neoliberalism: The Contemporary Debate*, New York: Columbia University Press, 1993.

Beate Jahn, *The Cultural Construction of International Relations: The Invention of the State of Nature*, New York: Palgrave, 2000.

Barkin, J. Samuel, *Realist Constructivism: Rethinking International Relations Theory*, Cambridge: Cambridge University Press, 2010.

Bill McSweeney, *Security, Identity and Interests: A Sociology of International Relations*, Cambridge: Cambridge University Press, 1999.

Bruce Cronin, *Community under Anarchy: Transnational Identity and the Evolution of Cooperation*, New York: Columbia University Press, 1999.

Cho-yun Hsu, *Ancient China in Transition*, Stanford: Stanford University Press, 1965.

David A. Lake, *Hierarchy in International Relations*, Ithaca: Cornell University Press, 2009.

Emanuel Adler, *Communitarian International Relations: The Epistemic Foundations of International Relations*, London and New York: Routledge, 2005.

Emanuel Adler and Michael Barnett eds., *Security Communities*, Cambridge: Cambridge University Press, 1998.

Friedrich Kratochwil, *Rules, Norms and Decisions: On the Conditions of Practical and Legal Reasoning in International Relations and Domestic Affairs*, Cambridge: Cambridge University Press, 1989.

Glenn H. Snyder, *Alliance Politics*, Ithaca: Cornell University Press, 1997.

Hsu Cho-yun, *Ancient China in Transition: An Analysis of Social Mobility 722 –*

222 *B. C*, Stanford: Stanford University Press, 1965.

Hedley Bull, *The Anarchical Society: A Study of Order in World Politics*, New York: Columbia University Press, 1977.

Hedley Bull and Adam Watson eds. , *The Expansion of International Society*, Oxford: Oxford University Press, 1984.

Herrlee G. Creel, *The Origins of Statecraft in China*, Vol. 1: The Western Chou Empire. Chicago: The University of Chicago Press, 1970.

Jacques Gernet, *A History of Chinese Civilization*, Cambridge: Cambridge University Press 1996.

James N. Rosenau, *Turbulence in World Politics: A Theory of Change and Continuity*, London: Harvester Wheatsheaf, 1990.

Jeremy Pressman, *Warring friends: Alliance Restraint in International Politics*, Ithaca and London: Cornell University Press, 2008.

John G. Ruggie, *Constructing the World Polity: Essays on Internationalism*, New York and London: Routledge, 1998.

John R. Searle, *The Construction of Social Reality*, New York: Free Press, 1995.

Joseph S. Nye, Jr. , *Understanding International Conflicts: An Introduction to Theory and History* , New York: Pearson Education, Inc. , 2005.

Ken Booth and Nicholas J. Wheeler, *The Security Dilemma: Fear, Cooperation and Trust in World Politics, Hampshire*, New York: Palgrave Macmillan, 2008.

Kenneth N. Waltz, *Realism and International Politics*, New York: Routledge, 2008.

Kenneth N. Waltz, *Man, the State and War*, New York: Columbia University Press, 1959.

Martha Finnemore, *National Interests in International Society*, Ithaca, N. Y. :

Cornell University Press, 1996.

Michael Cox, Tim Dunne, and Ken Booth eds., *Empires, Systems and States: Great Transformations in International Politics*, Cambridge: Cambridge University Press, 2001.

Mark E. Lewis, *Sanctioned Violence in Early China*, Albany: State University of New York Press, 1990.

Michael Loewe, Edward L. Shaughnessy, *The Cambridge History of Ancient China: From the Origins of Civilization to 221 BC*, Cambridge: Cambridge University Press, 1999.

Peter J. Katzenstein ed., *The Culture of National Security: Norms and Identity in World Politics*, New York: Columbia University Press, 1996.

Peter L. Berger and Thomas Luckmann, *The Social Construction of Reality: A Treatise in the Sociology of Knowledge*, New York: Anchor Books, 1967.

Richard E. Dawson, Kenneth Prewitt and Karen S. Dawson, *Political Socialization*, Boston, Toronto: Little, Brown and Company, 1977.

Robert O. Keohane, *After Hegemony: Cooperation and Discord in the World Political Economy*, Princeton, N. J.: Princeton University Press, 1984.

Robert O. Keohane and Joseph S. Nye, *Power and Interdependence*, New York: Addison Wesley Longman, Inc., 2001.

Robert L. Rothstein, *Alliances and Small Powers*, New York and London: Columbia University Press, 1968.

Stephen D. Krasner, eds., *International Regime*, Ithaca, N. Y.: Cornell University Press, 1983.

Stefano Guzzini and Anna Leander eds., *Constructivism and International Relations: Alexander Wendt and His Critics*, London and New York: Routledge, 2006.

Stephen M. Walt, *The Origins of Alliances*, Ithaca, N. Y.: Cornell University

Press, 1990.

Tim Dunne, *Inventing International Society: A History of the English School*, London: Macmillan, 1998.

Thomas Kane, *Ancient China and Post Modern War*, New York: Routledge Press, 2007.

Yuri Pines, *Envisioning Eternal Empire: Chinese Political Thought of the Warring States Era*, Hawaii: University of Hawaii Press, 2009.

(二) 期刊文献

Alexander Wendt, "Anarchy is What States Make of It: The Social Construction of Power Politics," *International Organization*, Vol. 46, No. 2, 1992.

Andrew Hurrell, "Hegemony, Liberalism and Global Order: What Space for Would-be Great Powers?" *International Affairs*, Vol. 82, Issue. 1, 2006.

Barry Buzan, "From International System to International Society: Structural Realism and Regime Theory Meet the English School," *International Organization*, Vol. 47, No. 3, 1993.

Bau Tzong-ho, "The Stability of International Systems: A Study of the Warring States System of Ancient China," Ph. D. dissertation, University of Texas at Austin, 1986.

Bridget Coggins, "Friends in High Places: International Politics and the Emergence of States from Secessionism," *International Organization*, Vol. 65, No. 3, 2011.

Cioffi-Revilla, Claudio and Lai, David, "War and Politics in Ancient China, 2700 B. C. to 722 B. C.," *The Journal of Conflict Resolution*, Vol. 35, No. 3, 1995.

Christopher Hemmer and Peter J. Katzenstein, "Why is There No NATO in Asia? Collective Identity, Regionalism, and the Origins of Multilateralism," *International Organization*, Vol. 56, No. 3, 2002.

Christopher Layne, "The Waning of U. S. Hegemony—Myth or Reality?" *International Security*, Vol. 34, No. 1, 2009.

David A. Lake, "The New Sovereignty in International Relations," *International Studies Review*, Vol. 5, No. 3, 2003.

David A. Lake, "Anarchy, Hierarchy, and the Variety of International Relations," *International Organization*, Vol. 50, No. 11, 1996.

David L. Rousseau, "Identity, Power, and Threat Perception a Cross – National Experimental Study," *Journal of Conflict Resolution*, Vol. 51, No. 5, 2007.

Deborah Welch Larson and Alexei Shevchenko, "Status Seekers Chinese and Russian Responses to U. S. Primacy," *International Security*, Vol. 34, No. 4, 2010.

Edward Keene, "A Case Study of the Construction of International Hierarchy: British Treaty – Making Against the Slave Trade in the Early Nineteenth Centruy," *International Organization*, Vol. 61, No. 2, 2007.

Gerard Lemaine, "Social Differentiation and Social Originality," *European Journal of Social Psychology*, Vol. 4, Issue. 1, 1974.

Hendrik Spruyt, "Institutional Selection in International Relations: State Anarchy as Order," *International Organization*, Vol. 48, No. 4, 1994.

James N. Rosenau, "Before Cooperation: Hegemons, Regimes, and Habit – driven Actors in World Politics," *International Organization*, Vol. 40, No. 4, 1986.

Jonathan Mercer, "Anarchy and Identity," *International Organization*, Vol. 49, No. 2, 1995.

John C. Turner, "Social Comparison and Social Identity: Some Prospects for Intergroup Behaviour," *European Journal of Social Psychology*, Vol. 5, Issue. 1, 1975.

John Gerard Ruggie, "What Makes the World Hang Together? Neo – utilitarianism and the Social Constructivist Challenge," *International Organization*, Vol. 52,

No. 4, 1998.

John M. Owen, "When Do Ideologies Produce Alliances? The Holy Roman Empire, 1517 – 1555," *International Studies Quarterly*, Vol. 49, Issue 1, 2005.

Joseph M Parent and Emily Erikson, "Anarchy, hierarchy and order," *Cambridge Review of International Affairs*, Vol. 22, No. 1, 2009.

Katja Weber, "Hierarchy Amidst Anarchy: A Transaction Cross Approach to International Security Cooperation," *International Studies Quarterly*, Vol. 41, No. 2, 1997.

Kurt Burch, "Changing the Rules: Reconceiving Change in the Westphalian System," *International Studies Review*, Vol. 2, Issue. 2, 2000.

Marilynn B. Brewer, "In – Group Bias in the Minimal Intergroup Situation: A Cognitive – Motivational Analysis," *Psychological Bulletin*, Vol. 86, No. 2, 1979.

Marilynn B. Brewer, Kathleen P. Pierce, "Social Identity Complexity and Out Group Tolerance," *Personality and Social Psychology Bulletin*, Vol. 31, No. 3, 2005.

Michael. D. Wallace, "Power, Status, and International War," *Journal of Peace Research*, Vol. 8, No. 1, 1971.

Peter Hays Gries, "Social Psychology and the Identity – Conflict Debate: Is a 'China Threat' Inevitable?" *European Journal of international Relations*, Vol. 11, No. 2, 2005.

Robert William Flawith, "The Regressing 'Culture of Anarchy' in Ancient China and Its Implications for Wendt's Progressive Constructivism," *Australian Journal of International Affairs*, Vol. 65, No. 3, 2011.

Ryder Mckeown, "Norm Regress: US Revisionism and the Slow Death of the Torture Norm," *International Relations*, Vol. 23, No. 1, 2009.

Renee De Nevers, "Imposing International Norms: Great Powers and Norm Enforcement," *International Studies Review*, Vol. 9, Issue 1, 2007.

Serge Guimond, Stephane Dif, "Social Identity, Relative Group Status and Intergroup Attitudes: When Favourable Outcomes Change Intergroup Relations for the Worse," *European Journal of Social Psychology*, Vol. 32, Issue 6, 2002.

Sonia Roccas, "Social Identity Complexity," *Personality and Social Psychology Bulletin*, Vol. 6, No. 2, 2002.

Sonia Gardenas, "Norm Collision: Explaining the Effects of International Human Rights Pressure on State Behavior," *International Studies Review*, Vol. 6, Issue 2, 2004.

Thomas J. Volgy, "Status Inconsistency and International War: Exploring the Effects of Systemic Change," *International Studies Quarterly*, Vol. 39, No. 1, 1995.

William C. Wohlforth, "Unipolarity, Status Competition, and Great Power War," *World Politics*, Vol. 61, No. 1, 2009.

Yan Xuetong, "International Leadership and Norm Evolution," *The Chinese Journal of International Politics*, Vol. 4, Issue 3, 2011.

Yongjin Zhang, "System, Empire and State in Chinese International Relations," *Review of International Studies*, Vol. 27, No. 5, 2001.

Zhang Yongjin and Barry Buzan, "The Tributary System as International Society in Theory and Practice," *The Chinese Journal of International Politics*, Vol. 5, 2012.

Finnemore, Martha, "Norms, Culture, and World Politics: Insights From Sociology's Institutionalism," *International Organization*, Vol. 50, No. 2, 1996.

Finnemore, Martha and Kathryn Siknink, "International Norms Dynamics and Political Change," *International Organization*, Vol. 52, No. 4, 1998.